コンパッション・フォーカスト・セラピー入門

Compassion Focused Therapy
:The CBT Distinctive Features Series

30のポイントで知る理論と実践

CFT

ポール・ギルバート[著]

有光興記[監訳]

小寺康博[訳]

誠信書房

日本語版への序文

　拙著『コンパッション・フォーカスト・セラピー』（CFT）の日本語版が出版されることを嬉しく，光栄に思います。有光先生，小寺先生，そして石村先生の熱意と努力によって，多くの日本の方々が科学的裏付けに基づいたコンパッションの介入に興味を持ってくれることを願います。

　CFT は，メンタルヘルスの問題に対する進化論的な志向と，仏教の概念や実践への関心から徐々に生まれてきました。初期のアイデアは，1980年代の私の著作，特に *Human Nature and Suffering*（『人間と苦しみ』）(1989) という本に見出すことができます。この本では，基本的な動機づけのシステムが，ウェルビーイングやメンタルヘルスの問題にどのように影響しているかを示そうとしました。たとえば，私たちが競争を志向しているとき，自分自身や社会環境，人間関係に注意を払い，考え，感じ，行動する方法は，分かち合いや思いやりを志向しているときとは大きく異なります。加えて，異なる動機づけのシステムは，非常に異なる生理的な活性化を生み出します。私たちは，生理的反応によって手助けされることもあれば，制約を受けることもあるのです。もし思いやりの生理的反応にアクセスできなければ，感情制御のためにそのシステムを利用することはできません。したがって，セラピーの一環として，神経生理学的なセラピーを行う必要があります。このことは，脳内のさまざまな生理的システムを発達させる特定の方法があるということ，さらにマインドフルネス，共感，コンパッション・トレーニングはそれぞれ別の生理的システムを発達させるというエビデンスが積み重なりつつあることによって，さらに前進しています。

　脳の組織化システムとして基本的な動機づけを理解することが重要であるにも関わらず，過去30年間は，メンタルヘルスの問題の認知的・行動的側面に焦点を当てたセラピーの開発が行われてきました。CFT は，これらのエビデンスに基づく介入の多くを利用していますが，こうしたセラピー群の問

題の一つは，個人が認知的な変化を認識したり生み出すことはできても，必ずしも感情や動機の変化をもたらさないことでした。この問題は大概，エビデンス，洞察，実践の欠如が原因だとされてきました。しかし，対処しようとする考えが感情を変化させるのに効果的かどうかに大きな影響を与えるのは，実はその感情の質感（texture）であることに気づいたのです。心の中で聞きこえくる感情に対処しようとする考えについて話してもらうと，うつ病のクライエントには，役に立つ考えを生み出そうとしながら，非常に敵対的で批判的なトーンを生み出す人がいることがわかりました。このことから，対処しようとする考えのエビデンスや内容だけでなく，**感情や動機づけ**に焦点を当てることを手助けする介入を明確にするようになりました。そこで，親しみやすく支持的で，やさしい**感情的な質感**を持ち，援助しようというコンパッションの意図を感じる対処しようとする考えを生み出すことに焦点を当てました。当時は意外にも（今はそうでもありませんが），多くのクライエントがコンパッションの意図や感情を生み出すことに対して抵抗したり，それを避けたりしました。その理由は，思いやりに関わることを始めると，その動機づけシステムが活性化し，幼少期に思いやってもらえた記憶や思いやってもらえなかった記憶，あるいは傷つけられた記憶が解放されてしまうからでした。このことについて，本書では図に整理しています。これは，恐怖，障壁，抵抗として知られるようになり，現在ではセラピーにおけるワークの主要な部分を形成しています。私の仲間でもある日本の研究グループが，日本人の集団を対象に，恐怖，障壁，抵抗について重要な研究を行っています（Asano et al., 2017）。

　時間とともに，コンパッションの動機づけシステムが重要で役に立つ理由が，研究によってますます明らかになってきました。現在では，コンパッションの動機づけプロセスは，迷走神経や前頭皮質などのさまざまな重要な生理的システムと関連していて，これらは自己と感情制御において基本的な役割を果たすという明確なエビデンスがあります。したがって，これらの生理的プロセスを利用できない人は，自己と感情制御のプロセスで困難を抱えることになります。また，幼少期に経験した思いやりが，身体や脳のさまざまな生理的プロセス，さらにはエピジェネティックな発現に影響を与えるこ

とも研究によって示されています。実際，どれだけ自分が思いやられていると感じるか，また，どれだけ他人を思いやっているかという度合いが，生涯を通じて私たちに生理学的に大きな影響を与えるのです。同じように，自分自身に対する考え方や関わり方，支援的であるか，理解を示すか，共感的・友好的であるかあるいは失望しているか，自分に恥を感じさせる厳しい自己批判をするか，他者に助けを求めることができるか，恥を感じ他者から拒絶されると予期するかなどが，私たちに生理学的影響を与えます。CFT は，幼少期はもちろん生涯を通じてのコンパッションの重要性と，私たちの，支持的でコンパッションのある向社会的な関係を築く能力（あるいは能力の不足）を考慮します。そして，他者や自分に対して（敵意や自己批判ではなく）思いやりとコンパッションを持ち，治療関係も含めて他者からのコンパッションにオープンに反応していくことに焦点を当てています。これらはすべて，強力な生理学的・治療的効果をもたらすことが示されています。

　思いやりとは反対に，困難な背景を持つ人や，今日の厳しい新自由主義社会に生きる人は，激しい競争に巻き込まれることがあります。競争への動機は，社会的比較，劣等感，服従的な行動傾向，自己批判の高まり，恥に対する脆弱性，拒絶と孤立への恐怖を引き起こします。過去30年間，西洋化した社会では，自己がより競争的な方向へシフトしてきたということを示すエビデンスがかなりあります。このことは，メンタルヘルスの問題，自己愛の増大，向社会性の低下と結び付けられています。CFT やコンパッション・マインド・トレーニング（呼吸，姿勢，視覚化に関連したコアプラクティスを含む）は，脳内の競争とは異なる動機づけシステムを生成し刺激する，ある種の解毒剤として提供されています。

　CFT は，より構造化された認知行動療法から精神力動的療法まで，さまざまな標準的な療法や介入を統合しています。これは，無意識のプロセスがメンタルヘルスの困難において重要な役割を果たすことが分かっているため，重要なことです。そのため，CFT は，心の理解，メンタルヘルスの問題の原因の理解やその緩和のために，異なるエビデンスに基づく介入や技法からさまざまな介入を統合するだけでなく，異なる科学（生物学から人類学

まで）を統合するアプローチをとっています。

　かつて，日本の石村先生と共同研究者の先生方が，CFT にご興味を持たれ，研鑽を始められました。先生方は，多くの CFT セラピストを日本に招いてトレーニングの機会を設けるなど，多大な努力を払っておられます。ゆえに，このたび CFT の核心を記した書が日本で翻訳されることはたいへん時宜を得ていてよろこばしいことです。石村先生と共同研究者の先生方のご尽力に感謝するとともに，CFT が，日本における研究と臨床の両面でさらに発展することを願っています。

ポール・ギルバート　Phd, FBPsS, OBE

文献

Asano, K., Tsuchiya, M., Ishimura, I., Lin, S., Matsumoto, Y., Miyata, H., Kotera, Y., Shimizu, E., & Gilbert, P.（2017）. The development of fears of compassion scale Japanese version. *PLoS One. Doi:10. 1371/journal.pone.*0185574.

コンパッション・フォーカスト・セラピー

　コンパッションを発達させることが，心理療法において大きな効果をもたらすことを証明する実験がこの10年で進み，コンパッションが心理療法における焦点となってきた。本書では，自分と他者の心身の健康をサポートするためにコンパッションを発達させる手法である「コンパッション・フォーカスト・セラピー（CFT）」とほかの認知行動療法との違いを説明する。

　本書では30のポイントを挙げ，CFT の原理を説明し，そのアプローチについて考えていく。理論編と実践編から成る本書は CFT の最高の入門書となるだろう。

　本書は心理職を目指す人や，スキルを磨いている現役の心理職など，CFT を学びたい人にとっても有効な書となるだろう。

　ポール・ギルバートは英国，ダービー大学の心理学の教授であり，30年にわたり，恥を原因とする不適応や気分障害の研究と治療に積極的に関わってきた。彼は英国認知行動療法学会の前理事長，そして，英国心理学会のフェローでもあり，20年以上ものあいだ，CFT の開発に取り組んでいる。

　認知行動療法（CBT）はエビデンス・ベースド・プラクティス（科学的根拠に基づく実践）の中心的な役割を担い，臨床現場で積極的に使用されている。しかし，CBT には共通のアプローチがなく，専門家の間で意見が分かれている。

　本シリーズでは，CBT に関する種々のアプローチの特徴を明らかにしながら，そのアプローチを紹介する。このシリーズの編集者であるウィンディ・ドライデンは各分野から専門家を集め，専門家のアプローチの要点を30の理論と実践とに要約している。

　The CBT Distinctive Features シリーズは，認知行動療法に基づいた新たなアプローチについて学びたいと考えている心理職や心理学者にとって必読の

シリーズとなるだろう。

本シリーズに収録されている書籍

Acceptance and Commitment Therapy by Paul Flaxman and J. T. Blackledge（「ア
クセプタンス・コミットメント・セラピー」 ポール・フラックスマン
J.T. ブラックレッジ）

Beck's Cognitive Therapy by Frank Wills（「ベックの認知療法」 フランク・
ウィルズ）

Behavioral Activation by Jonathan Kanter, Andrew Busch and Laura Rusch（「行動
活性化療法」 ジョナサン・カンター　アンドリュー・ブッシュ　ロー
ラ・ラッシュ）

Compassion Focused Therapy by Paul Gilbert（『コンパッション・フォーカス
ト・セラピー』 ポール・ギルバート）

Constructivist Psychotherapy by Robert A. Neimeyer（「構成主義的心理療法」
ロバート　A. ネイマイヤー）

Dialectical Behaviour Therapy by Michaela Swales and Heidi Heard（「弁証法的
行動療法」ミカエラ・スウェールズ　ハイディ・ハード）

Metacognitive Therapy by Peter Fisher and Adrian Wells（「メタ認知療法」 ピー
ター・フィッシャー　エイドリアン・ウェルズ）

Mindfulness-Based Cognitive Therapy by Rebecca Crane（「マインドフルネス認
知療法」レベッカ・クレーン）

Rational Emotive Behaviour Therapy by Windy Dryden（「理性感情行動療法」
ウィンディ・ドライデン）

Schema Therapy by Eshkol Rafaeli, David P. Bernstein and Jeffrey Young（「スキー
マ療法」 エシュコル・ラファエリ　デイビッド P. バーンスタイン
ジェフリー・ヤング）

本シリーズの詳細については以下の URL を参照していただきたい。
www.routledgementalhealth.com/cbt-distinctive -features

序文と謝辞

　まず最初に，この素晴らしいシリーズに私を招待してくれたウィンディ・ドライデン教授にお礼を言いたい。当初，声をかけてもらったときは，コンパッション・フォーカスト・セラピー（Compassion Focused Therapy：CFT）に関する主要な教科書がなかった。だから，コンパッションを基にした介入の価値を示すためのエビデンスを確立する必要があり，骨の折れる作業だと思いました。しかし，その甲斐もあって，本書は同シリーズの他の本よりも少し長くなり，そして，引用数も多くなった。これにはウィンディを初め，出版社のラウトレッジ，特にジョアンヌ・フォーショー氏とジェーン・ハリス氏のお陰である。

　他のアプローチから多くを拝借していることにも気づいているが，本書のタイトルにもあるように，CFT の独自性（Distinctive Features）を示そうとした。CFT をサポートしてくれた多くの人に感謝している。コリーン・ゲイル，カースティン・マキュワン，そして，ジェーン・ギルバート。コンパッションマインド財団の運営メンバー，クリス・ギレスピー，クリス・アイロンズ，ケン・ゴス，メアリー・ウェルフォード，イアン・ロウェンズ，デボラ・リー，トーマス・シュロダー，そして，ジェーン・ギルバート。また，CFT を臨床の場で使ってくれている，ミシェル・クリー，シャロン・パラント，そして，アンドリュー・レイナー。彼女らはCFT の理解をさらに深めるための知識や見解を共有してくれている。ジオヴァンニ・リオッティは，メンタライジングの重要性と，それがどのように社会的メンタリティと関係するかを教えてくれた。アンドリュー・ガムリーの精神病の分野における好奇心とリーダーシップ。ソフィー・メイフューとクリスティン・ブレーラーの精神病患者に対する素晴らしい CFT ワーク。

　CFT は，コンパッションに関するサイトや情報を提供しているコンパッションマインド財団（www.compassionatemind.co.uk）によって支えられている。ここのメーリングリストに参加してくれている人たちにも感謝である。そして，当財団を運営してくれているダイアン・ウールランズと，秘書的な

仕事や引用文献のチェックなどをしてくれているケリー・シムズにも感謝を述べたい。

　そして最後に何よりも，自らの悲劇や歓喜を長年に渡って共有し，CFTの何が有効で，何がそうでないのかを正直に伝え，CFTの発展に貢献をしてくれたクライエントに感謝である。みなさまの貢献に心から感謝したい。

目次

Part 1　理論——モデルの理解

Part 2　コンパッションの実践

Part 1

理論——モデルの理解

基本的な事柄

第 **1** 章

　すべての心理療法士が，セラピーはクライエントに対して尊敬，支援，親切さを発揮し，コンパッションを持って行うべきだと考えている（Gilbert, 2007a; Glasser, 2005）。ロジャーズ（Rogers, 1957）は，心理療法士とクライエントの関係性において，肯定的配慮，誠実さ，そして，共感が核となると述べている。肯定的配慮，誠実さ，共感，これはつまり，「コンパッション」だと言い変えることができる。近年では，「セルフ・コンパッション（自分への思いやり）」を養うことが大事だと研究で言われだし（Gilbert & Procter, 2006; Leary et al., 2007; Neff, 2003a, 2003b），私たちのセルフ・ヘルプにおいても注目を集め始めた（Germer, 2009; Gilbert, 2009a, 2009b; Rubin, 1975/1998; Salzberg, 1995）。他人，そして自分に対する思いやりを，心の健康のために高めようとするのは，仏教においては数千年も実施されてきたことである（Dalai Lama, 1995; Leighton, 2003; Vessantara, 1993）。

　本書で，コンパッション・フォーカスト・セラピー（CFT）が作られた背景にある理念を考えた後に，第16章では，コンパッションについて細かく見ていく。コンパッションについてのさまざまなモデルは，さまざまな異なる理論，伝統，そして研究によって，作り出された（Fehr et al., 2009）。この「コンパッション」という言葉は，ラテン語の *compati*，つまり，「ともに苦しむ」という言葉からできている。今日，最もよく知られたコンパッションの定義は，ダライ・ラマの「自身と他人が抱える苦しみを感じる**敏感さ**と，それを軽減させようという**覚悟**」というものだろう。つまり，敏感な気づきとモチベーションである。仏教のモデルにおいては，真のコンパッションは，「悟りを得た」と言われる境地，つまり自己と欲を切り離した状態をもたらしてくれる。セルフ・コンパッション研究の第一人者であるクリスティン・ネフ（Neff, 2003a, 2003b; www.self-compassion.org を参照）は，自身

の理論モデルと心理尺度を，上座部仏教を元に作り上げた。ネフはセルフ・コンパッションには三つの要素があると言う。

（1）自身の苦しみに気づき，オープンであること。
（2）やさしくあり，自己批判をしない。
（3）苦しみに対して，恥を感じたり，孤独だと感じるのではなく，他人と共有することの理解（共通の人間性）。

　これに対して，CFT は慢性的で複雑なメンタルヘルスの問題（恥や自己批判を含む）を持つ人や，幼少期や過去に辛い経験（虐待など）をした人のために，また，彼らと共に作られた療法である。CFT の思いやりへのアプローチは，仏教の教えから多くのヒントを得ているが，その根底には，進化心理学，神経科学，そして，社会心理学があり，「思いやり（与えるも受け取るも）」の心理学と神経生理学に関連している（Gilbert, 1989, 2000a, 2005a, 2009a)。思いやられている，受け入れられている，所属していると感じることは，我々の心理的な成熟とウェルビーイングの基礎である（Cozolino, 2007, Siegel, 2001, 2007)。これらは特定のポジティブなウェルビーイング感情と関連していて（Depue & Morrone-Strupinsky, 2005; Mikulincer & Shaver, 2007; Panksepp, 1998)，エンドルフィンとオキシトシンの向上とも関係がある（Carter, 1998; Panksepp, 1998)。これらの冷静で穏やかなタイプのポジティブ感情は，報酬や何かを達成しようとしたり，興奮状態などのポジティブ感情とは異なる（Depue & Morrone-Strupinsky, 2005)。ウェルビーイングの感覚，満足感，安心感を感じていることは，興奮や達成感を感じていることから，自己報告によって区別が可能となった（Gilbert et al., 2008)。この2008年の私たちの研究では，満足感や安心感といった感情は，興奮やエネルギーに満ちた感情よりも，うつ，不安，ストレスといったメンタル不調の軽減とより強く関連していたことがわかった。
　つまり，**ポジティブな感情にはさまざまな種類があり**，これらのポジティブな感情をもたらす脳のシステムが異なる。だから，心理療法士は，心を落ち着かせ，幸福感をもたらすポジティブ感情をいかにして刺激するかに焦点を当てるのである。クライエントが自分自身へのコンパッション，他者への

コンパッション，そして他者からのコンパッションに敏感になる能力を身に
つけるように（そう動機づけられるように）支援することが大事なのであ
る。痛みを伴う体験，恐怖を感じる感情，トラウマとなるような記憶に対し
て，コンパッションのある（あるいはコンパッションのない）関わり方をす
ることができる。CFT は，辛いことを避けたり，和らげようとするのでは
ない。辛いことへの一つの関わり方である。第29章では，多くのクライエン
トが，他人や自分に対するコンパッションを恐れており，その恐れに対処す
ることが良い変化をもたらすことについて説明する。

　CFT の進化論的アプローチの第二の側面が示唆するには，私たちが自分
を評価するシステムは，社会的・対人的プロセスを評価するのと同じシステ
ムを介していると考えられる（Gilbert, 1989, 2000a）。たとえば，行動学者が
長年指摘してきたように，性的なものを見ても，性的なものについて空想し
ても，性的興奮システムは同じであり，内的刺激と外的刺激で異なるシステ
ムは存在しない。同様に，自己批判とセルフ・コンパッションも，他の人が
自分を批判したり思いやってくれたときに刺激される，同じような脳内プロ
セスによって機能する。共感とミラーニューロンの研究（Decety & Jackson,
2004）や，自己批判とセルフ・コンパッションに関する私たちの最近の
fMRI 研究から，この考えを裏付ける証拠が増えている（Longe et al., 2010）。

介入方法

　CFT は，認知行動療法（CBT: Cognitive Behavioral Therapy）やその他
の治療法や介入をベースにした複合的な療法である。そのため，注意，論理
的思考，反芻，行動，感情，動機，イメージに焦点を当てている。したがっ
て，CFT ではさまざまなものを活用する。治療的関係性（下記を参照）；ソ
クラテス式対話；ガイド付きディスカバリー；（CFT モデルの）心理教育；
構造化されたフォーミュレーション；思考，感情，行動，「身体」の観察；
推論の連鎖；機能分析；行動実験；曝露；段階的課題；コンパッションに焦
点を当てたイメージ；チェアワーク；異なる自分の演出；マインドフルネ
ス；感情耐性の理解；感情の複雑さや葛藤の理解と対処の学習；それらの実
践と習得へのコミットメント；安全方略の解明；メンタライジング；表現的

なライティング；許し；恥をもたらす自己批判とコンパッションのある自己修正の区別；セッション外でのワークなどである。

変化を感じる

　CFT は，従来の CBT のアプローチに，コンパッションに焦点を当て，コンパッションのイメージを使用するという特徴を加えている。最近の心理療法の業界でも言われているように，クライエントとセラピストの両方のマインドフルネスに注目が集まっている（Siegel, 2010）。CFT では，第 6 章で説明する感情調整モデルを基に，変化のプロセスを支える感情制御，脳の状態，自己経験の特定のパターンを開発するために介入があると考える。これは，過酷な環境で育った人の自己批判や恥に対処する際に特に重要である。このような人は，他人からのコンパッションや仲間意識のある行動をあまり経験していないため，（心を落ち着かせる）感情制御システムが利用しにくい。このような人は，「CBT の理屈はわかるけど，何も変わった感じがしない」と言う可能性がある。**感じ方の変化をもたらすには，安心感や安全感を生み出す感情システム（特定の神経生理学）にアクセスする能力が必要**なのである。これは，CBT のよく知られた問題点である（Leahy, 2001; Stott, 2007; Wills, 2009, p.57）。

　20年以上前，私はなぜ「代替的な思考」が役に立つと「体験」できないのかを調べた。その結果，感情的なトーンと，クライエントが頭の中で代替的な思考を聞く方法が，しばしば分析的で，冷たく，ときには攻撃的でさえあることがわかった。たとえば，何かに失敗したと感じ，その代替思考が「おいおい，そんなネガティブな見方を証明するエビデンスはないじゃないか！君が先週，どれだけのことを達成したか思い出してよ！」というものであっても，攻撃的で苛立っているトーンで自分自身（経験者）に言うのと，ゆっくりと親切で温かい気持ちで言うのとでは，影響が大きく異なる。これは，エクスポージャー（暴露のワーク）やホームワークでも同じで，どのように（自分をいじめるのか，自分を励ますのか）言うかは何を言うかと同じくらい重要である。つまり，代替思考の内容だけではなく，**代替思考がどのように感じられるか**にもっと焦点を当てる必要があることは明らかだった。実

際，内容に焦点を当てすぎると，役に立たないことが多い。だから，私が CFT を始めた当初は，クライエントに代替案を提示してくれる温かく親切 な声を想像してもらったり，その声に行動上の課題に一緒に取り組んでも らったりするだけだった。しかし，*Counselling for Depression* の第 2 版 (Gilbert, 2000b) が出版される頃には，「内面の温かさを育む」ことに焦点が 当てられるようになった (Gilbert, 2000a も参照)。つまり，CFT は，CBT と 感情のワークを**コンパッション**を持って行うことから始まり，そこからモデ ルのエビデンスが蓄積し，またより具体的なエクササイズが開発されて，今 の CFT へと至ったのである。

治療的関係

　治療的関係は CFT において重要な役割を担っている (Gilbert, 2007c; Gilbert & Leahy, 2007)。良い関係性を構築するには，マイクロスキル (Ivey & Ivey, 2003)，転移と逆転移の問題 (Miranda & Andersen, 2007)，感情の表 現・増幅・抑制・恐怖 (Elliott et al., 2003, Leahy, 2001)，恥の感情 (Gilbert, 2007c)，感情の認識 (Leahy, 2005)，セラピストのマインドフルネス (Siegel, 2010) などに特に注意を払う必要がある。CFT 以外の療法（特に CBT）を 専門とする人をトレーニングするとき，大事なのが彼らにゆっくりと介入を 進めてもらうことだ。一連のソクラテス的な質問や「目標設定」を主として 進めるのではなく，セラピーの中に内省する時間や経験していることを感じ るためのスペースや沈黙を設けるのである。CFT では，声の速さやトーン， 非言語的コミュニケーション，セラピーのペース，マインドフルであること (Katzow & Safran, 2007; Siegel, 2010) を重視する。そして，探索，発見，実 験，発展をしていくための「安心性」を作ることを目指し，そのための内省 的プロセスの使い方を説いている。重要なのは，クライエントがセラピスト に対して「コンパッションを持ってそばにいてくれているんだ」と体験（内 在化）できるようにすることだ。後で述べるが（本書第10章を参照），「恥」 という感覚は，クライエントが，「誤解されている」「何かを間違えている」 「相手が自分に何をしてほしいのかを探る」または**強烈な孤独感**などの感情 的な体験（トランスファレンス）を伴うので，抑えるのが簡単ではない。セ

ラピー中の感情的なトーンは，セラピストの態度やペースによって作り出され，クライエントとセラピストが「共に在る」という感覚を**体験する**プロセスにおいて重要である。CFT のセラピストは，クライエントが，自己を封じ込めて，この**「共に在る」感覚**や**「大切にされている」感覚**をどのように経験できなくしているのかを敏感に察知しようとする（本書第29章；Gilbert, 1997, 2007a, Chapter 5 と Chapter 6 , 2007c 参照）。

　CBT では，セラピストとクライエントが一緒に，つまりチームとして問題に取り組むというコラボレーションに重点を置いている。CFT では，（心の）「共有」にも注目している。物だけでなく，自分の考え，アイデア，感情などを共有すること（また，共有したいという動機）の進化は，人間の最も重要な適応の一つであり，人間は共有することに優れている。特に社会的な動物である人間は，物質的なものだけでなく，自分の知識や価値観，心の中を知ってもらいたい，理解してもらいたい，認めてもらいたいという共有欲求が生まれながらにしてある。したがって，共有することの恐れ（恥）の対立問題，共感，心の理論は，人間の進化における重要な動機と能力なのである。クライエントによっては，この「心の流れ」を妨げる感覚が問題となり，セラピストがその障害を解除することが治療に繋がる。

　弁証法的行動療法（Dialectical Behaviour Therapy［DBT］：Linehan, 1993）は，治療を妨害する行動を特定し対処することに焦点を当てる。CFT では，他のセラピーと同様に，明確なクライエントとセラピスト間の境界線を設定する必要がある。クライエントの中には，「感情的ないじめ」をする人がいて，セラピストを脅したり（訴訟や自殺など），いろいろなことを要求したりするようなケースがある。恐れを感じたセラピストはそのクライエントに服従したり，セラピーを中断したりする。クライエントは，あるレベルで，他人を強制的に遠ざけることができる自分の能力に怯えているのである。他のケースでは，痛みを伴う場面で，セラピストは黙って見守るのではなく，助けようとすることもある。治療的関係を明確にすることはとても重要なのである。だから DBT では，このようなクライエントを扱うセラピストにサポートグループを勧めるのである。

　研究によると，コンパッションは自己アイデンティティの偽りのない一部を形成することもあるが，人から好かれるためにコンパッションを示すよう

にするという自己イメージ目標に結びつくこともある（Crocker & Canevello, 2008）。コンパッションを重視した自己イメージ目標は，さまざまな意味で問題を生じる。愛着スタイルと治療関係についての研究によると，安定した愛着をもつセラピストは，不安定な愛着をもつセラピストに比べて，より簡単に，スムーズに治療関係を築くことができると報告されている（Black et al., 2005; Liotti, 2007も参照）。またリーヒ（Leahy, 2007）は，セラピストの性格やスキーマの構成が，治療関係においていかに大きな役割を果たすかを説明している（たとえば，依存的な患者には独裁的なセラピストが，独裁的な患者には依存的なセラピストがというように）。コンパッションとは，服従するような「やさしさ」のことではない。タフであること，境界線を設定すること，正直であること，クライエントが望むものではなく，必要なものを与えることなのである。アルコール依存者が，酒を求めるとき，それは彼らに必要なものではない。多くの人は痛みを避けようとさまざまな方法を試すが，（親切な）明快さ，曝露，受容こそが，実際には変化と成長を促進するものなのかもしれない（Siegel, 2010）。

コンパッションの利点とその証拠

　CFT は，進化論的，神経学的，心理学的なモデルに基づいているが，仏教の影響を大きく受けている。これを認識することは重要である。2500年以上ものあいだ，仏教は，悟りと「心のいやし」として，コンパッションとマインドフルネスに焦点を当ててきた。上座部仏教ではマインドフルネスと慈愛に焦点が当てられているが，大乗仏教では特にコンパッションに焦点が当てられている（Leighton, 2003; Vessantara, 1993）。お釈迦様は人生の終わりに，自分の主な教えは心の持ち方とコンパッションであり，自分にも他人にも害を与えないことだと言った。釈迦は，心を傷つけず，コンパッションを促進するための修行と訓練のための八正道を概説した。これには，コンパッションのある瞑想とイメージ，コンパッションのある行動，コンパッションのある思考，コンパッションのある注意，コンパッションのある感情，コンパッションのあるスピーチ，コンパッションのある生活が含まれる。これらの複合的な要素が，コンパッションのある心に繋がる。現在では，コンパッ

ションのさまざまな側面を実践することで，幸福度が高まり，脳機能，特に感情制御の分野に影響を与えることがわかっている（Begley, 2007; Davidson et al., 2003）。

この10年間で，コンパッションの心を育むことの利点を調査する研究が大きく進展した（Fehr et al., 2009）。初期の研究であるレインら（Rein et al., 1995）は，人々にコンパッションのあるイメージをもつよう指示すると，免疫機能の指標である S-IgA にプラスの効果があり，怒りのイメージをもつよう指示するとマイナスの効果があることを発見した。他者へのコンパッションをイメージすることで，前頭葉皮質，免疫系，ウェルビーイングにプラスの変化が生じる（Lutz et al., 2008）。ハッチャーソンら（Hutcherson et al., 2008）は，短時間の愛情を促す瞑想が，見知らぬ人に対する社会的なつながりや所属感を高めることを発見した。フレドリックソンら（Fredrickson et al., 2008）は，コンピュウェア（企業名）の従業員67名を愛情の瞑想グループに，72名を待機・コントロールグループに割り当てた。その結果，週1回60分のグループセッションを6回行い，ラビング・カインドネス（愛情とやさしさ）の瞑想（セルフ・コンパッション，他者へのコンパッション，見知らぬ人へのコンパッション）を録音した CD を使って自宅で練習することで，ポジティブな感情，マインドフルネス，生きがいや社会的支援の気持ちが高まり，病気の症状が軽減された。ペイスら（Pace et al., 2008）は，コンパッションの瞑想（6週間）が，免疫機能とストレスに対する神経内分泌および行動反応を改善することを明らかにした。ロックリフら（Rockliff et al., 2008）は，コンパッションのあるイメージが，自己批判度の低い人では心拍変動を増加させ，コルチゾールを減少させたが，自己批判度の高い人では減少しなかったことを明らかにした。私たちが最近行った fMRI 研究では，自己批判と自己肯定感が異なる脳領域を刺激し，自己批判ではなく自己安心が共感に関連する脳領域である島皮質を刺激することがわかった（Longe et al., 2010）。悲しい顔に対して，それを中立的に見るのか，またはコンパッションのある態度で見るのか。それによって，その顔に対する神経生理学的な反応に変化が生じることもわかっている（Ji-Woong et al., 2009）。

慢性的なメンタルヘルスの問題を抱える人々を対象とした小規模な非対照研究では，コンパッション・トレーニングによって，恥，自己批判，抑う

つ，不安が大幅に軽減された（Gilbert & Procter, 2006）。また，コンパッション・トレーニングは，幻聴のある患者にも有効であることがわかっている（Mayhew & Gilbert, 2008）。精神科医療施設で19人のクライエントを対象にグループベースの CFT を実施した研究でレイスウェイトら（Laithwaite et al., 2009）は，抑うつと自尊心のレベルに大きな変化が見られたと述べている。社会的比較尺度と一般精神病理の指標では中程度の変化が見られ，恥の感覚においては，小さな変化が見られた。そして，これらの変化は，6週間後のフォローアップでも維持された（p.521）。

　人間関係と幸福の分野では，他者を思いやること，感謝の気持ちを示すこと，共感能力や相手の気持ちを想像する能力を持つことが，ポジティブな人間関係を構築するのに有効であり，それが幸福や心身の健康に大きく影響することが明らかになっている（Cacioppo et al., 2000; Cozolino, 2007, 2008）。また，どのような「自分」になろうとするかが，幸福感や社会的関係に影響を与え，自己中心的自己アイデンティティでなく，他者に思いやりのある自己アイデンティティがより良い結果をもたらすことを示す証拠が増えている（Crocker & Canevello, 2008）。これらを総合すると，CFT のさらなる発展と研究には十分な根拠があるといえる。

　ネフ（Neff, 2003a, 2003b）は，**セルフ・コンパッション**の研究における先駆者であり，彼女は，セルフ・コンパッションが自尊心とは別物であり，自尊心よりも幸福度を予測することを示し（Neff & Vonk, 2009），セルフ・コンパッションが学業不振からの改善に役立つことを示した（Neff et al., 2005; Neely et al., 2009）。セルフ・コンパッションを持って手紙を書くワークをすると，人生の出来事への対処を改善し，うつ状態が軽減される（Leary et al., 2007）。しかし，前述のように，ネフ氏のコンパッションの概念は，ここで概説した進化論や愛着に根ざしたモデルとは異なっており，今のところ，コンパッションの定義は合意されていない。実際，コンパッションという言葉は，言語によって微妙に異なる意味を持つ。そこで，ここでは，コンパッションを「心構え」，つまり基本的なメンタリティとして定義し，第16章で詳しく説明する。

第**2**章 | ## パーソナルジャーニー

他者へのコンパッションとセルフ・コンパッションの能力を開発すること
への私の関心は，いくつかの問題によってもたらされた。

- 第一に，私自身長い間，人間の行動，苦しみ，成長に対する進化論的
  アプローチへの関心があった（Gilbert, 1984, 1989, 1995, 2001a, 2001b,
  2005a, 2005b, 2007a, 2007b, 2009a）。また，進化したモチベーションや
  感情のメカニズムの根底には認知システムが存在するという考え方
  は，ベックの認知的アプローチの中心となっており（Beck, 1987, 1996;
  Beck et al., 1985），進化と認知の接点を調べることに焦点が置かれて
  いる（Gilbert, 2002, 2004）。
- 第二に，進化心理学は利他主義と思いやりの問題に大きく焦点を当て
  ており（Gilbert, 2005a），これらが私たちの進化においてどれほど重
  要か（Bowlby, 1969; Hrdy, 2009），そして近年では，私たちの身体的・
  心理的な発達（Cozolino, 2007）と幸福（Cozolino, 2008; Gilbert, 2009a;
  Siegel, 2007）にとってどれほど重要であるかが認識されつつある。
- 第三に，慢性的なメンタルヘルスの問題を抱えている人たちは，スト
  レスが多い，あるいは利他主義や思いやりが低い（Bifulco & Moran,
  1998）ことが多く，そうした要素は，身体的・心理的な発達に大きな
  影響を与える（Cozolino, 2007; Gerhardt, 2004; Teicher, 2002）。
- 第四に，こうした人生経験の結果として，慢性的で複雑な問題を抱え
  る人々は，特に，恥や自己批判，自己嫌悪に深く悩まされ，他人のや
  さしさに心を開いたり，自分自身にやさしくすることが非常に困難で
  あることが多い（Gilbert, 1992, 2000a, 2007a, 2007c; Gilbert & Procter,
  2006）。

- 第五に，本書 6 頁で述べたように，CBT を利用した場合，彼らは一般的に「別の考え方の論理を理解できるが，まだ X や Y を感じている。自分を責めるべきではないと頭で理解はできるが，そうじゃないように**感じられる**」とか，「何か自分が悪いと**感じられる**」などと答えることが多い。
- 第六は，クライエントが自分の心の内容について考え，**振り返る様子**（たとえば，アレキシサイミアとは反対に，相手の気持ちを感じる能力）が，セラピーのプロセスや焦点に大きな影響を与えるという認識が高まっている（Bateman & Fonagy, 2006; Choi-Kain & Gunderson, 2008; Liotti & Gilbert, in press; Liotti & Prunetti, 2010）。
- 最後に，私は自分を仏教徒だとは思っていないが，仏教の哲学と実践に長いあいだ関心を持ってきた。コンパッションに満ちた自己になること（本書第 2 章を参照）など，コンパッションの実践は，マインドフルネスや相手の気持ちを察する力の発達を助ける安全感を生み出すかもしれない。仏教心理学では，コンパッションが心を「変える」とされている。

論理と感情

　論理と感情が対立することは以前から知られていた。実際，1980年代の研究では，私たちの頭の中にはまったく異なる処理システムがあることがわかっている。一つは，**暗黙的（自動）処理**と呼ばれるもので，無意識的，迅速，感情的で，努力を必要とせず，古典的条件付けや自己認識機能の対象となり，意識的な願望に反して感情や空想を生み出す。これは，「何かを感じた」という感覚を与えるシステムである。これは**明示的（制御された）処理**と異なる。明示的処理は，ゆっくりとしていて，集中し，反射的で，言語的で，努力を要するものである（Haidt, 2001; Hassin et al., 2005）。これらの知見は，臨床の現場で有効に活用されており（たとえば，Power & Dalgleish, 1997），より複雑なモデルも提唱されている（Teasdale & Barnard, 1993）。しかし，基本的なポイントは，認知と感情を単純に結びつけることはできず，それらを支える神経生理学的なシステムも異なるということだ（Panksepp,

1998)。つまり，思考と感情を結びつける問題（「わかっているけど，感覚は伴わない」）の一つは，（異なる）暗黙的・明示的なシステムが，異なる処理戦略と結論を出していることに起因していると考えられる。認知療法家や他の多くの心理療法家や心理学者は，認知と情報処理の概念をあたかも同じものであるかのように扱っており，そこに問題が生じている。コンピュータやDNA，そして実際に体のすべての細胞は，情報処理メカニズムですが，私はそれらが「認知」を持っているとは思えない。このように，動機や感情に対して，何が「認知」であり，何が「認知」でないのかを定義できないことが，この分野の研究を難しくしている。

　感情が認知についていけない問題を解決するために，さまざまな解決策が提案されてきた。たとえば，感情の変化は簡単ではないと理解すること：あえて問題とする感情に積極的に触れること：障害物を特定し，その機能を把握すること（Leahy, 2001）：特定の治療的関係が必要であること（Wallin, 2007）：マインドフルネスと受容性を発達させること（Hayes et al., 2004; Liotti & Prunetti, 2010）などが挙がる。CFTではさらに別の視点を提案している。哺乳類や人間のケアシステムとともに進化した，**安心感，安全感，繋がりの感情を生み出す感情システムに，根本的な問題があるのではないかと考える**（本書第6章を参照）。そして，その安心感などをもたらす感情システムにアクセスできないことが根底にあると捉える。前述（本書6頁）したように，認知的（論理的）には「代替思考」を生み出すことができても，頭の中ではその考えが，冷徹で，親しみがなく，攻撃的に聞こえてしまう人もいる。代替思考に温かみや励ましの言葉が含まれず，感情的に冷たい命令になっている場合も多々ある。私は，代替思考を生み出し，生かすためには（内面的な）やさしさやサポートを**感じる**ことが，大事だと気づいた。うつ病患者などは，代替思考や代替イメージを「感じる」ことができないのである。

　また，「自分の問題は自分のせいだ」「自分には根本的な欠陥やダメージがある」という意識が根強く，思いやりや自己受容の感情を阻害していることが多い。そのため，洞察力，論理性，問題解決のためのエクスポージャー，マインドトレーニングなどを用いて，自分のネガティブな考えや感情，問題から離れ，よりコンパッションとやさしさを持って自分自身に接することが

できるように練習する必要があることは明らかだ。

ケース例

　20年以上前，私はジェーンというクライエントを診た。彼女は，境界性パーソナリティ障害を伴う慢性的な双極性障害のうつ症状に苦しみ，自殺願望もあった。彼女は幼い頃に養子に出され，どこにも馴染めないという気持ちをずっと持ち続けていた。彼女は，「自分は失敗作で，必要とされていない」という考えに対して，非常に合理的な代替案を生み出すことに長けていたが，それでも彼女の気分はあまり変わらなかった。私は彼女の代替思考の感情的なトーンについて，安心させたり助けになったり思いやりのあるものか尋ねた。彼女は戸惑いながら「もちろんそんなこと（思いやり）はありません。どうして，自分にやさしくしたいと思うのでしょうか。自分にやさしくすることは，弱さであり，甘やかしのように思えます。この考え（代替思考）をしっかりと受け止めたいだけです」と答えた。彼女は結婚していて，子どももいて，家族に支えられていた。私は考えさせられ，「でも，愛されていたり，必要とされていると**感じられる**ようになるための手助けとなる代替思考や考えを探す核心は，自分が探し求める支えられている，居場所がある，受け入れられていることを感じることにあるのではないか」と彼女に聞いてみた。彼女は遠い記憶をめぐりながらこう言った。「そうだけど，私は自分をやさしく扱ったりはしたくないの。自分自身に好きじゃないことがたくさんありすぎるの！」彼女が次のことを認識するまでには時間がかかった。①自己嫌悪のために，他人からのやさしさを受け入れなかった。②そして，これが自己主張することの妨げとなった。③さらに，服従による恨みや無力感につながり，④内に秘めた自己に対する恨みや憎しみがさらなる自己嫌悪につながっていた。

　そこで私とジェーンは，どうすればもっと代替思考における感情的なあたたかさ「受容」や「やさしさ」を生み出せるかをじっくり考えた。つまり，彼女が（憂うつな考えに対する）代替思考を考えたり，場合によっては書き出すときに，彼女が温かさや安心の**感覚**に注目するということを検討したのである。最初，ジェーンは自分にやさしくすることを

軽蔑し，怖がっていた。また，**他人からの思いやりを受け入れることを**
恐れていた。他人と感情的に親密になることを恐れ，親密になると恥や
拒絶につながると考えていた。典型的なのは，「もしあなたが**私と親密**
になり，私が何を考えているかを知ったら，あなたは私を嫌いになる」
という信念や，「もし誰かと親しくなったら，私はその人を必要とし，
依存し，傷つきやすくなってしまう」という依存の恐れである。この段
階で，ある種の**ポジティブな感情**（やさしさ）に触れ，**そのような感情**
を感じる恐怖に対処することが，彼女にとって役に立つことがわかる。
ジェーンは「理想的な思いやりのあるイメージを想像する」（本書第26
章を参照）という方法を最初に使った一人で，それは大地の女神に扮し
た仏陀だと考えた。難しいケースだったが，それ以来，彼女は15年以
上，大うつ病を再発していない。ジェーンのケースから思い至ったこと
は，**ポジティブな感情がネガティブな感情とそれによって引き起こされ**
る結果に密接に関連しているために，ポジティブな感情をとても恐れて
いる人がいて，ポジティブで親和的感情を脱感作し活性化するには，脅
威に基づく感情と同じくらいの脱感作の作業が必要となることである
（本書第29章を参照）。

　恥や自己批判が強い人は，自分へのあたたかい感情，コンパッション，安
心感といった感情にアクセスするのを難しいように思う。似た例として次の
ようなものがある，あなたは性的な合図や考え，空想をすることができる
が，体にホルモンを流す脳下垂体のシステムが機能していなければ，これら
の合図や空想は生理的な影響を引き起こさず，「感じる」ことができない。
このように，CFTはもともと，高レベルの恥や自己批判に苦しみ，自己治
癒力を高めたり，内面的なあたたかさや自己肯定感を感じたりすることが難
しい人たちのために（彼らととも）に開発された（Gilbert, 2000a, 2000b,
2007a; Gilbert & Irons, 2005）。
　恥や自己批判は，さまざまな心理的障害と関連しているプロセスであるた
め，CFTは障害ではなくプロセスに焦点を当てている（Gilbert & Irons,
2005; Zuroff et al., 2005）。CFTは，困難な環境に対する人々の柔軟な反応に
より焦点を当てた，脱病理化のアプローチである。たとえば，私たちは皆，

愛着システムを持っているが，他者への信頼，開放性，所属性の表現型を発達させるか，あるいは，他者への不信，回避，搾取の表現型を発達させるかは，幼少期に愛情やケアを受けた経験があるか，あるいは，ネグレクト，敵意，虐待を受けた経験があるか，または，現在の社会的文脈によって決まる。各人の社会的な行動は，その状況に応じて異なる形で表われる。

第3章 進化した心とコンパッション・フォーカスト・セラピー

　仏陀や初期のギリシャの哲学者たちは，私たちの心が葛藤していたり，強い感情に支配され，不安や憂鬱，ひいてはパラノイアや暴力といった問題に陥ることをよく理解していたが，その理由を知ることはできなかった。理由を知る試みの始まりは，1859年に出版されたダーウィンの『種の起源』である。ダーウィンは，私たちの心と脳が自然淘汰の結果であることを明らかにした。種は環境の変化に合わせてゆっくりと変化していくものであり，環境とはつまり，集団の中にある種の個体が，他の個体よりも有利になるようにさせるのである。重要なのは，進化をすると元に戻ることはできず，過去の変化の上に，新たなものが構築されるということだ。だからすべての動物が比較的似た基本設計図を持っているのである（たとえば，四肢，循環器系，消化器系，感覚器官など）。脳にも基本的な機能があり，それが動物間で共有されている。このことは，私たちの心がどのように構築されていて，どうそのようになったのかを理解するうえで大きな意味を持つ（Buss, 2003, 2009; Gilbert, 1989, 2002, 2009a; Panksepp, 1998）。

　ダーウィンの深い洞察は，心理学や心理療法にも大きな影響を与えた（Ellenberger, 1970）。たとえば，ジークムント・フロイト（Freud, S.）（1856-1939 F）は，心の中には多くの基本的な本能や動機（たとえば，性欲，攻撃性，権力など）があり，私たちが欲望のまま行動しないように，それらはさまざまな方法で規制する必要があると説いた。そのため，私たちは欲望や情熱，破壊的な衝動をコントロールするために，否認，投影，解離，昇華などの防衛機制（Defence Mechanism）を用いる。フロイトは，一次思考（生得的な欲求によって生じるイド思考）と二次思考（自我と現実ベースの思考）を区別した。フロイトのモデルでは，心は本質的に欲望と制御の間で葛藤していると考える。フロイトは，これらの葛藤が自我意識に圧倒されて無

意識となり，精神障害の原因となると説いた。したがって，セラピストの役割は，これらの葛藤を意識化し，それを解決する手助けをすることである。

今日では，脳には，大脳辺縁系などの古い脳システム（MacLean, 1985）にある情熱や動機に関連するシステム（暗黙的なものと明示的なものなど，Quirin et al., 2009）と，主に前頭皮質を介した動機や感情の制御に関連するさまざまなシステムが存在することが多くのエビデンスによって示されている（Pankepp, 1998）。これらの脳領域が損傷を受けると，衝動性や攻撃性が症状として現れる。サブリミナル処理を用いた数多くの研究により，無意識の処理が感情や行動に大きな影響を与えることが明らかになっている（Baldwin, 2005など）。実際，意識は情報処理のかなり後期の段階にある（Hassin et al., 2005）。また，心の中には相反する動機や感情が渦巻いていることもわかっている（本書第4章を参照）。近年では，抑圧，投影，解離などの防衛機制の性質や，それらが心理的機能，自己の構造，社会的関係，治療にどのように影響するかについても科学的な研究が行われている（Miranda & Andersen, 2007）。

アーキタイプ（元型），動機，意味

今や，人間の心が白紙の状態で生まれてくると考える人はそういないだろう。人間の乳児は，その種の代表として生きていくための準備をしてこの世に生まれてくる（Knox, 2003; Schore, 1994）。物事がうまく進めば，子どもは養育者との愛着を形成し，言語を習得し，認知能力を発達させ，仲間や性的関係などを形成する。つまり，人間の動機や意味づけには生得的な側面があるのである。これは何も新しい考え方ではなく，その起源はプラトンやカントにまで遡ることができる。心理療法において，**さまざまな種類の意味を生み出す人間の能力**の，生得的な性質を明らかにしようとした人物として，ユング（Jung, C. G.）（1875-1961）がいる。

ユングは，人間が生まれながらにして持っているガイドシステム（親や養育者への愛着を求めて形成すること，集団に属すること，地位を求めること，性的パートナーを見分けて求めることなど）を**アーキタイプ（元型）**と呼んだ。元型は，人の発達に影響を与える（たとえば，ケアを求める，グルー

プの一員になる，性的パートナーを見つけて親になる，死を受け入れるなど；Stevens, 1999）。そこでユングは，進化した種である人間は，思考，感情，行動に関する特定の素質を受け継いでいると仮定した。これらの素因は，集合的無意識の中に存在し，行動，思考，感情を導く役割を果たしている。

　ユングは，親子関係，家族や集団への忠誠心（または裏切り），恋愛や愛の追求，地位や社会的立場の追求，自己犠牲などのテーマが，何千年も前のあらゆる文化や文学，物語に見られると指摘した。これらのテーマは，私たちの一部であり，元型的なものであるため，メンタルヘルスの問題にも関係する。

　また，ユングは，元型が機能し，成熟し，他の元型と融合する方法は，私たちの性格（遺伝子）と経験の両方に影響されると示唆した。たとえば，私たちは乳幼児期に母親の腕の中で愛と安らぎを得られるよう導く元型を持っているが，この関係がうまくいかないと，「母親」という元型が発育しない。スティーブンス（Stevens, 1999）はこれを，**元型の意図阻害**と呼んでいる。この場合，大人になると，親のように自分を愛し守ってくれる人を求めて，人生の多くの時間を母親や父親の姿を探すことになるかもしれないし，ケアや愛の必要性を完全に閉ざしてしまい，親しい人との付き合いを避けてしまうかもしれない。このような幼少期の関係と「愛着行動」と呼ばれるものを研究している研究者たちは，子ども（そして大人）が実際にそのような行動をとることを発見した。愛情やケアにオープンな人もいれば，愛情を失うことに不安を感じ，常に安心感を必要とする人もいる。また，おびえて親密な関係を避けたり，親密さを軽蔑して拒絶する人もいる（Mikulincer & Shaver, 2007）。

　さらにユングは，人間の内なる元型はそれぞれ，異なる行動をして，異なる目標を追求するように設計されているため，**互いに対立することがあり**，それが精神的な障害を引き起こすことが多いと指摘している。ユングは，これらの元型的なプロセスが成熟し，発展し，統合されていく過程で，対立したりすることが，精神的な問題の原因であるとしている。

社会的メンタリティ

　ギルバート（Gilbert, 1989, 1995, 2005b, 2009a）は，元型の理論と進化心理学，社会心理学，発達心理学を組み合わせて，人間にはいくつかの「社会的メンタリティ」があり，それによって特定の種類の人間関係（性的関係，部族関係，支配−従属関係，世話をする−される関係など）を形成すると考えた。基本的な考え方として，種としての一般的な目標を達成するために（例：性的パートナーを求めて性的な関係を築く，友情関係を築く，集団への帰属意識を高める，集団の一員として活動するなど），脳は特定の方法で人間関係を組織化する。したがって，社会的メンタリティとは，「**特定の人間関係を構築するために必要な**，心理的な能力や思考方法が組織化されたもの」と定義できる。たとえば，私たちが**ケア・ギビング（思いやりを与える）**という心の状態にあるとき，私たちは相手の苦悩やニーズに注意を向け，相手を気遣い，その人が必要なものを得られる方法を考え，そのための行動をとり，相手の回復や幸福にやりがいを感じる。人間の場合は，これが「思いやりのある人間になりたい」など，自己アイデンティティに結びつくこともある。また**ケア・シーキング（思いやりを求める）**の状態では，自分の苦痛を和らげたり，成長に役立つようなインプットを**他者から求める**。役に立ちそうな人に注意を向け，自分のニーズや苦悩を知らせ，自分が必要だと思うものを提供できそうな人に近づくように行動を方向付けるのである。

　一方，他人と競争している場合は，自分と他者を比較し，相対的に長所と短所を比較する。そして，努力するか，あきらめるかの決断をする。この場合，他人への攻撃的な感情や行動が増え，他者がもっているかもしれない苦悩に対する**配慮をなくしたり，思いやりをもって耳を傾けなくなったりする**こともある。このような精神状態だと，自分自身について「劣っている」か「優れている」，または「勝っている」か「負けている」という観点で考える。もし勝てば，良い感情を抱き，負けると，劣等感や敗北感を感じ，落ち込む（Gilbert, 1984, 1992, 2007a）。自我同一性とも関連するが，社会的メンタリティとして地位に焦点が当たると，他の人よりも多くを達成しなければならないという欲求が出る。人よりも多く達成したい，また，地位を認めても

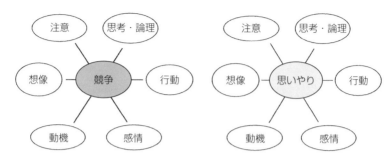

図1　競争と思いやりのメンタリティの比較

らいたいという欲求が出て，それらが達成されないと，自分は不十分であ
り，ある種の資質に欠けているという憂うつな感覚になる。しかし，達成動
機にはさまざまなタイプがある（本書第14章を参照）。他人の成功を見て，羨
ましくて腹が立ったり，嫌な気持ちになったり，「失敗した」「挫折した」と
いう気持ちになるかもしれない。もちろんこれは，思いやりの心を持つこと
とはまったくもって異なるものである！

　これとは反対に，協調的で，有効な関係を構築しようという精神状態にあ
るとき，私たちは，自分と同じように協調し，支援し，共同の目標を追求し
てくれる人々を探し，繋がろうする（例：オーケストラで演奏する，チーム
で働く）。これは，私たちが持つ「共有したい」という強い欲求と関連して
いる。人と仲良くしているときは気分が良いが，拒絶されると気分が悪くな
る。「仲良くすること」と「競争すること」では，まったく心の状態が異な
ることは，長いあいだ認識されてきた（Wolfe et al., 1986）。ランゼッタとエ
ングリス（Lanzetta & Englis, 1989）は，協力的な人間関係と競争的な人間関
係では，皮膚反応，心拍数，脳電図に大きな違いが生じることを示した。つ
まり，社会的なメンタリティが異なると，一連の心理的・生理的プロセスに
違いをもたらし，ある側面（たとえば，気遣い，同情，攻撃など）が稼働
し，他の側面がストップするのだ。

　「競争的メンタリティ」と「思いやりのメンタリティ」を図1に示す。

　このように，CFT的な観点では，私たちの心は，さまざまな目標を達成
するために動機づけられており，それに応じて，異なるメンタリティを作り
出すのである。しかしながら，メンタリティには重複する部分もあり，ある

メンタリティは他のものよりも意識的であったり，代償（たとえば，愛情が欲しいから地位を求めること。本書第14章を参照）であったりする。人はこれらのメンタリティを行き来する。これらを切り替える能力がある人は，健康だといえる（Gilbert, 1989）。たとえば，仕事では高い業績を収め，そのうえで，家庭では，妻の愛情を子どもたちと奪い合うのではなく，愛情深い父親でいられる人は，健康である。ある特定のメンタリティに囚われている人，たとえば，常に競争的であったり，従順であったり，協力的であったり，世話役であったり，他人からの思いやりを拒んだりする人は，さまざまな面で弊害に出くわす。たとえば，妄想のある患者は，基本的な不信感から，思いやりを受けることを非常に恐れている。サイコパスは，思いやりや共感的な関心を持つことが非常に難しいと感じるが，競争的な状況では非常にうまく精神をコントロールできるかもしれない。つまり，人間は特定の社会的戦略，役割，関係を追求するように脳を進化させてきたのである。私たちは，特定の社会的戦略，役割，人間関係を追求するために脳を進化させ，そのために心のさまざまなスイッチを入れたり切ったりしているということである。もし私たちが，（いわゆる）同族的意識の中で生活をしていて，他のグループを敵とみなしているならば，共感的な関心や配慮はオフになっており，自分たちが害を与えることに対する罪悪感なしに，攻撃的な行動をとることができる。心理療法の複雑なケースでは，特定のメンタリティを抑えて他のメンタリティを活性化させようとすることがある。ベックら（Beck et al., 2003）は，人格障害へのアプローチにおいて，似たような見方をしている。

　社会的メンタリティがどのように発達し，成熟し，活性化されるかは，遺伝子や現在の環境と関連している。CFT は，心を**相互的かつ代償的**に捉えているので，この点は重要である。たとえば，虐待やネグレクトを受けた子どもは，他人にいやされたりすることはないと学んでいるので，ケアを周りに求めることは，役に立たないし，危険でさえあると感じている。ケアを求めることよりもむしろ，彼らは他者から危害を加えられたり，恥をかかされる可能性に注意を払う必要がある。これにより，彼らの発達は，脅威に焦点を当てた，社会的ランクのメンタリティ（つまり，競争システム）へと移行し，攻撃性と拒絶の可能性に注意を払うように方向付けられる。リオッティ

（Liotti, 2000, 2002, 2007）は，特に保護者が，安全と脅威の両方の源となったときに，子どもがどのように愛着行動を乱すかを説いた。このような場合，子どもの社会的なメンタリティが乱れ，本人や周囲の人には理解しがたい方法で，服従したり，引きこもったり，ときには親密さを求めるといった行動を繰り返すようになる。

　CFTは思いやりの喚起や提供（コンパッションによって）といった一つの社会的メンタリティに取り組むことで，他の社会的メンタリティの構成に大きな影響を与えることができるという，相互的な視点をもつ（Gilbert, 1989）。繰り返すが，これは新しい見解ではない。仏教では，コンパッションが，心を変容し変化させると説いている。また，ユングは，個性化過程は，私たちの元型的な潜在能力を再編成するプロセスだと捉えている。

　要するに私たちが理解すべきは，脳は進化した器官であり，**特定の方法で機能するように設計されていて**，さまざまな状況や目標に合わせてパターンを変えるものだ，ということだ。脳は，特定の入力（たとえば，他者の心との親和的な関係）を求め，それらの入力に反応し，それらの入力が得られない場合には，防衛的な発達上の偏りを示す。一部の心理療法や大部分の精神医学上の分類では，このような問題に対処せず，物事が外からどのように見えるかだけに依拠している。対照的にCFTは，伝統的脳を進化した器官とする流れに従い，私たちの「心」というものを，特に，人間の生物社会的な**ニーズ**（例：愛情，思いやり，保護，所属など）を考慮して，理解しようとする。またその際に，メンタリティ，心の理論，共感，想像の能力などの人間の能力についても検討する。

マルチマインド

第 **4** 章

　ヒトが進化する過程で，さまざまな心理（動機，感情，認知的能力）が形成されてきたことがわかっている。たとえば，セックス，戦闘，狩猟，縄張りの獲得・防衛などの能力は，5億年以上前の爬虫類や，それ以前の動物にまで遡ることができる。哺乳類の進化が始まり（約1億2千万年前），乳幼児の世話，友好関係の形成，遊び，身分の上下関係などの心理が生まれた。複雑な思考や内省，自己アイデンティティ，自我同一性などの能力が生まれてきたのは，約200万年前からだといわれている。つまり，脳は一連の段階を経て進化してきたため，私たちの心の中には，さまざまな時期に発生したさまざまな動機や感情が備わっており，そのためそれらが相反することがある。

古い脳と新しい脳

　このことを考えたり，説明する方法の一つは，私たちには，他の多くの動物と共通するさまざまな感情や動機を持つ古い脳があるのと同時に，考えたり，内省したり，観察したり，自己のアイデンティティを形成したりする能力（新しい脳）も持っているというのを知ることである（Gilbert, 2009a）。古い脳と新しい脳の相互作用では問題が生じることがある。たとえば，身体的な感覚が，思考，推論，説明ができる新しい脳と結びつくと「心拍数の上昇は，私が心臓発作を起こして死ぬことを意味する」などと結論づけ，パニックを助長することがある。また「このミスは自分が失敗人間で，愛されない人間だということだ」と考えると，うつ状態が強調される。動物は，住宅ローンの支払いや将来のこと，子どもであれば一生懸命勉強しないとどうなるのか，このしこりや痛みは癌の兆候なのか，などと心配してストレスを

感じることはない。これらはすべて，私たちがある種の「メタ」な考え方ができるからこそ生まれるのである（Wells, 2000）。

さまざまな精神状態

　人間には何百万年もかけて進化してきたさまざまな潜在能力があり，しかしながら，これらの異なる潜在能力が深刻な問題を引き起こす可能性があるという事実は，今ではよく知られており，ほとんどの心理学入門の教科書にも記載されている。たとえば，クーン（Coon, D.）は，心理学の入門的な教科書の冒頭で，このように記述している。

　　あなたは宇宙であり，世界の集まりである。あなたの脳は，おそらく現存する万物のなかで最も複雑で素晴らしい装置だ。その働きによって，あなたは音楽，芸術，科学，そして戦争を行うことができる。あなたの愛や思いやりの可能性は，あなたの攻撃や憎しみ（果ては殺人？）の可能性と共存しているのだ。　　　　　　　　　　　　（Coon, 1992, p.1）

　クーンをはじめとする研究者たちが示唆しているのは，**私たちは統一された自己ではない**ということだ。むしろ，私たちは，意味を創造し，脳のパターンや心の状態を生成するためのさまざまな可能性で構成されている。オーンスタイン（Ornstein, R.）は20年以上前にこう述べている。

　　私たちの自己理解の長い歩みは，単純で通常「知的」な見方から始まるが，心の中には「才能」「モジュール」「ポリシー」などの複雑な要素があることから，心は複雑な構造をしているという見方に変化する。……心のこれらの一般的な構成要素はすべて，互いに独立して機能し，異なる優先順位を持つこともあり得る。
　　多くの複雑化と分化に関する発見が，さまざまな研究分野で起きている。……脳機能とその局在化の研究，知能の性質に関する研究，性格テストに関する研究，また心の一般的な特徴に関する理論など。
（Ornstein, 1986, p. 9）

実際，私たちの心の中には複雑なサブシステムやプログラムがあり，それらがどのように相互作用するかは，CBT の焦点であった。たとえば，ベック（Bech, 1996）は，さまざまな異なる「モード」が存在すると考え，これは元型や社会メンタリティ理論と非常に似た見解である。同様に，ティーズデールとバーナード（Teasdale & Barnard, 1993）は，認知，感情，モチベーションに関するサブシステムが相互に作用していると説いた。

　ある意味で，クーンとオーンスタインは，人間の心の元型的な性質を現代風に説明している。そのうえで，彼らはもう一つのユングの教えに触れている。それは，私たちが自分自身を何らかの形で全体的に統合された個人であると考えがちだが，それは幻想であるというものだ。実際，ユングは，自己の統合や全体性は心の成す偉業であり，「成熟的な達成（maturational accomplishments）」と称している。私たちは，さまざまな才能，能力，社会的動機，感情などで構成されており，それらのさまざまなニーズに対処することは容易ではない。

　このように，動機や意味を生み出すモジュール（元型）が混在すると，一つの自己ではなく，さまざまな自己を経験することになる（例：Rowan, 1990）。これらの自己は，私たちが異なる心の状態にあるとき，異なるものを感じ，異なる役割を果たす。セラピーでは，これらの異なる自己に名前をつけて会話することも可能である。そうした工夫をすることで，いじめられっ子の自分，完璧主義の自分，復讐心や悲哀に満ちた自分，性的な自分，寛容な自分などを認識することができる。これを別の方法で考えると，異なる社会的役割を果たすためには，異なる社会的メンタリティ（Gilbert, 1989, 1992; Gilbert & Irons, 2005; Gilbert & McGuire, 1998）が必要だということだ。

メンタライジングと自己の感覚

　CBT はもともと，自分の考えや感情に気づき，それを簡単に表現できる人に向けて開発された（だからさまざまな尺度で評価されている）（例：Safran & Segal, 1990）。セラピストは，このスキルを使って，クライエントの思考スタイルやコアとなる信念に注意を向けさせる。しかし，私たちが自分の動機，感情，思考に気づく能力や，それらを明確に表現したり，反省し

たりする能力を**支えるコンピテンシー**は，非常に複雑で，発達過程をたどることが近年の研究でわかっている。進化論者は，動機付けのプロセスの中には，意識化することがほとんど不可能なものもあると長年指摘してきた。これは，私たちのマルチマインドの持つ複雑な側面である。

　ここ10年ほどの間に「自己理解や自己アイデンティティ」と「内的な感情や思考への介入と理解」を結びつける**方法**に関心が集まっている。たとえば，脳はさまざまな複雑な感情や思考，空想を生み出すことができ，自己の首尾一貫性を持つためには，それらを一貫した方法でまとめる必要がある（Gilbert, 2005a; McGregor & Marigold, 2003）。人は，自分の心の中にあるものに深く悩まされ，圧倒されることがある。たとえそれがポジティブな変化をもたらすと約束されていたとしても，自己意識や自己アイデンティティを脅かす新しい情報（感情，空想，思考）は積極的に拒否されることがある。スワンら（Swann et. al., 2003）は，人は自己高揚だけではなく，一貫性，親しみやすさ，予測可能性を自己アイデンティティに求めると示唆している。そのため，服従的，または攻撃的な自己アイデンティティは，変化に抵抗する可能性がある（これらの詳細な議論については，Leary & Tangney, 2003, および本書第29章を参照）。

　首尾一貫した行動をとるためには，自分の心と他人の心の内容を考え，理解する能力と，この情報を利用してさまざまな種類の社会的役割や社会的関係の間を行き来する能力が必要である。つまり，メンタライジングが社会的なメンタリティの構造化に役立つことは明らかである（Allen et al., 2008）。これは，自己アイデンティティを生み出すために「新しく進化した脳」が，非常に長い時間をかけて進化した生存と繁殖のための基本的な戦略である「古い脳」の感情や動機とどのように相互作用するか，ということの核心に迫るものである（Gilbert, 1989, 2009a）。

　残念ながら（心理療法の研究と実践の多くと同様），この研究分野（精神状態を振り返る能力）の問題点の一つは，さまざまなアプローチや概念が混在しており，その多くが大きく重複していて，研究でもまだ明らかにされていないということだ。たとえば，さまざまな感情に注意を払い，振り返ることができるかどうか（また，自分や他人の精神状態について原因や意味を考えることができるかどうか）は，さまざまな事柄と関連している：感情ス

キーマ，アレキシサイミア，メンタライゼーション，心の理論，共感と同情，感情知能，経験の回避，マインドフルネス，投影的防衛，アスペルガー症候群（Choi-Kain & Gunderson, 2008）など。

　アレキシサイミアを例にとると，主観的なレベルで感情を認識・識別することの困難さ，感情の表現や認識の困難さ，特に感情の葛藤を表現する難しさ，そして，内面的な出来事ではなく外面的な出来事に注意を払う傾向などが挙げられる（Meins et al., 2008など）。また，これらの困難の一部は（不安定な）愛着歴と関連していて，特にトラウマに関連したさまざまなメンタルヘルスの問題が広く見られるという証拠が増えている（Liotti & Prunetti, 2010）。また，ビジネスや政治の世界で成功を収めている人の中には，アレキシサイミアの特徴を持ちながらも，現在の定義ではメンタルヘルスの問題はないとされる人が多くいると考えられている。しかし，こうした人たちの鈍感さが他の人に障害をもたらすこともあり得る。また，内省や疑念を抱くことなく，あらゆる方法で自分の行動を正当化する人もいる。しかし，問題を正当化したり外在化したりする人たちは「自分には何の問題もない」とセラピーを受ける理由がないと考え，セラピーを受けないことが多く，また，恥を極端に避けていることもある。そのため，あらゆる種類の非反省的なやり方で行動する。

　メインズら（Meins et al., 2008）によれば，アレキシサイミアの特性は，自分の心の中身（動機，思考，感情）を探ろうとしない**意識的な決定**によって，外部へと注意を払っているのであり，彼らは決して内省をする能力がないわけではない。コレン・カリーら（Koren-Karie et al., 2002）は，赤ちゃんの心について考えることができる母親がいる一方で，それを苦痛に感じ，積極的に避けている母親もいることを明らかにした。このような母親の子どもの愛着は，不安定なものとなる可能性が高い。

　これらの複雑さに加えて，私たちが自分や他人の心を理解するために投影や投影的同一化（Miranda & Andersen, 2007）を利用するプロセス（宗教的な考えを含む：Bering, 2002）を加えると，私たちの「新しい脳」が古い脳から出てきた感情や動機と絡み合うことがわかるだろう。

心理的コンピテンシーの開発

　共感やメンタライジングなどのコンピテンシーにより，社会的なメンタリティがより複雑なレベルで機能するようになる。コンピテンシーは，時間とともに成熟し，発展する。したがって，アレキシサイミアやメンタライジング，つまり**どのように**私たちが心の状態をとらえるかに影響をもつものだけでなく，私たちの発達のプロセスについても考える必要がある。CBT（認知行動療法）セラピストは，クライエントがピアジェの認知発達段階で述べられている，異なるレベルの認知能力を持つことに注目してきた（Rosen, 1993）。たとえば，ある人は他の人よりも前操作的（抽象的な言葉で考えたり，内面の状態を理解することが困難）であったりする。それは，自分の感情や他人の感情を理解する能力は，これらの認知能力と明らかに関連しているからである（重要な議論として，Kegan, 1982も参照）。また，**心の理論**に関するコンピテンシーは，時間の経過とともに発達し，他の認知能力と関連している可能性があることもわかっている。さらに，道徳的な思考の能力は，単純な善悪の概念（大人が罰したり褒めたりすることで学ぶ）から，より抽象的な思考へと時間をかけて発達していくが，社会的な背景にも影響されるのである（Gilbert, 1989）。

　ピアジェはまた，同化（新しい情報が，既存の信念に合うように理解されること）と調節（新しい情報が知識構造に変化をもたらすこと）を区別している。ここでもう一つの側面として，新しい可能性や変化に対する「開放性」がある。これはモチベーションや「変化への準備」と相反するものである。

　また，CFT に関連して重要なのは，感情の成熟である。たとえば，レーンとシュワルツ（Lane & Schwartz, 1987）は，感情の複雑さは，異なる感情や経験を区別する能力に関係すると示唆した。彼らは，ピアジェの認知段階に類似した一連の段階を提案している。その段階とは下記のとおりである。

　（1）身体的な感覚
　（2）行動する身体

（3）個々の感情

（4）感情のブレンド（混合）

（5）感情のブレンドの，そのまたブレンド

　最も低いレベルでは，赤ちゃんは体の感覚しか認識しておらず，それらは一般的に快・不快の次元で大雑把に区別される。その後，行動から得られる感情を認識するようになる。その後，悲しみ，怒り，不安，喜びなどの，より分化した感情が生まれる。その後，これらの感情のブレンドを経験する能力と，曖昧な感情に対処する能力が生まれる。その後，さらにさまざまな感情が混ざり合うようになる。このような感情の成熟がどのようにして起こるのかはまだよくわかっていないが，親のメンタライジング能力と愛情が重要なのは確かである。自分の感情を理解するのに苦労し，感情認識の低いレベルに留まっているクライエントは，確かにコンパッションを感じるのに苦労している。つまり，彼らはコンパッションがどう感じるものなのかを理解できず，また，**感情そのもの**が厄介なものだと感じている（本書第29章を参照）。

　近年の心理療法においては，患者のマインドフルネスやメンタライジングの能力を高め，自己批判的な態度を減らし，自分の感情や感情にまつわる信念（例：感情のブレンドや葛藤，条件付けられた感情など）をより理解できるようにすることが，セラピストとしての役割だと認識され始めている（Gilbert, 1992, Chapter 4を参照）。その結果，クライエントは自分の感情と戦ったり避けたりするのではなく，寛容に受け入れられるようになり，他人の心を理解しようとする真摯な努力に基づき，人間関係に対してよりオープンになれるのである。

社会的メンタリティとメンタライジング

　メンタライジングの能力と，社会的役割の追求，社会的メンタリティ，自己同一性との関連性は複雑である。最近では，リオッティとプルネッティ（Liotti & Prunetti, 2010）が，メンタライジングの仕方が社会的メンタリティに結びついていることを示唆している。たとえば，セラピストと協力して話をするなど，特定の役割で安心感を感じられる人は，メンタライジングがう

まくできるかもしれない。しかし，思いやりを探し求めるメンタリティ（つまり愛着システム）が活性化されると，セラピストと協力して話すことは，クライエントにとって非常に脅威となり，メンタライジングができないかもしれない。リオッティ（2009年12月，私信）は，メンタライジングをオール・オア・ナッシングの現象ではなく，他の多くの条件（特に個人が感じる安全度）に依存すると示唆している。メンタライジングは高機能のコンピテンシーであるが，脅威というのは瞬時に行動できるように注意を選択させるものである。したがって，脅威システムはメンタライジングを止める可能性がある（Liotti & Gilbert, in press）。メンタリティやニーズの中には，他のものよりも脅威となるものがあるため，それぞれについてのメンタライジングに違いが生じる可能性がある。それがセラピーで取り組む事柄となる。

　コンパッションのエクササイズによって，メンタライジングの土台となる安心感を作り出すことができる。特に「コンパッションのある自分」のエクササイズをすると，クライエント自身をいやしいやされる状態にしておくことに焦点を当てているので，このことが本当に当てはまる（本書第21章を参照）。これを明らかにするための研究方法はまだ思案中だが，前述したコンパッションの価値を示す間接的な証拠（本書9-11頁）から，研究の価値あるテーマだといえる。また，クライエントがメンタライジングを理解できるように，ゆっくりと進めることが大切で，**自己にはさまざまな部分があり**，さまざまな思考や感情を持つこと（つまり，マルチマインド）を認識させることが重要である。

　もちろん，ここでは一部にしか触れていないが，CFT セラピストは，これらの異なるコンピテンシーに気づく必要がある。つまりクライエントが「自分の心の中から生まれるもの」について考え，振り返ることができる能力に気を配るのである。なぜなら，その多くは元型的なものであり，私たちが設計したものではなく，進化や個人的な人生経験によって作られたものだからである（つまり，私たちのせいではないのである）。

　つまり，私たちの心に複数の部分があることを考えると，私たちは統合された一貫性のある自己ではなく，複雑に組み合わさって相互作用するさまざまな動機や能力で構成されている存在だということになる。私たちが単一の自己であるかのように錯覚しているのは，もしそれがなければ多数の願望や

役割，自己を持つことで，**柔軟性が増しすぎて**，思考や行動が競合し，支離滅裂になってしまうからである（McGregor & Marigold, 2003）。現在，多くの心理学者は，「自己」や「自己アイデンティティ」を，記憶，感情，信念などを調整して，一貫性や継続性をもたらし，社会的関係を可能にするまとまった自己意識を生み出すプロセスだと考えている。したがって，もし私たちがメンタリティの構築や再編成を必要とするならば（たとえば，より自己主張が強い人間になる，怒りにうまく対処する人間になる，より思いやりのある人間になるなど），それは自己アイデンティティや首尾一貫性を脅かす可能性がある。

　つまり，**自己意識は組織的なもの**であり，個人の中にある組織が崩れると（たとえば，不安や怒り，トラウマの侵入的な記憶，孤独感，服従的な引きこもりなどに圧倒されると），メンタルヘルスの問題を抱えることになる（例：Leary & Tangney, 2003のレビューなどを参照）。実際，人々は「自分の一部（parts of themselves）」をコントロールできなくなったり，「バラバラになる（falling apart）」といった表現を使う。

　ここで，私たちは，思考，感情，行動，心の状態の変化など，複数の（有益であったり，あるいは破壊的であったりする）可能性に対処するためにはどうすればよいかという問題に直面する。また，自分の中にある新しい可能性を探求し，それを自分の感覚に統合する（ユングの言う「個性化過程」）にはどうしたらよいのか。その答えのひとつが「コンパッション」である。なぜなら，コンパッションは，開放性，思いやり，安全性，統合を促進する条件を作り出すからである（Gilbert, 2005a, 2005c）。外側からもらうコンパッションと，内側から自分に与えるセルフ・コンパッションは，受容と寛容を促進し，心のさまざまな要素を統合することを容易にしてくれるのである。

愛着と愛情の大切さ

第 **5** 章

愛情の大切さ

　CFT は，進化した脳機能と脳構造を考慮し，生理学的な知識に基づいた独特の療法である。CFT では，思いやりの根底には，（利他主義や労りの元となる）進化的で社会的な動機とメンタリティがあると捉えている。ギルバート（Gilbert, 1989, 2005a）は思いやりの基礎となる「利他主義」には二つの根源があると考えた。一つは親族的利他主義と愛着システムによる労りであり，もう一つは相互的利他主義と道徳的で公平な社会関係への欲求に基づくものである。現在，より複雑なモデルが開発されている（例：Hrdy, 2009）。

　進化論的な観点から見ると，従来，ほ乳類の最も中心的な資質の一つだと考えられている，セックス，闘争，地位の追求などの資質，それらよりも際立っているのは，思いやりの心の重要性である。思いやりの進化によって，中枢神経系と末梢神経系に大きな変化がもたらされた。その主な適応の一つが，「闘争と逃走」を制御して「親密さ」を実現し，物理的な親密さに「いやし」を持たせることだった。たとえば，脳内のエンドルフィンとオキシトシンというホルモンは，脅威に対する処理（闘争・逃走の抑制）を制御し，社会的関心と思いやりを促進するように進化した（Bell, 2001; Wang, 2005）。ポーゲス（Porges, 2003, 2007）は，迷走神経の進化が，人との親和性，思いやり，共有を可能にする対人接近行動を支えてきたことを詳しく述べている。迷走神経は，愛着であったり，乳児が親の思いやりのある行動によって落ち着きを得る能力とともに進化した（Carter, 1998; Depue & Morrone-Strupinsky, 2005）。自律神経系にこの神経が加わることで，交感神経を介し

た脅威防御行動（闘争・逃走など）や視床下部−下垂体−副腎（HPA）軸の活動が抑制され，穏やかな生理状態が促進され，対人関係での親密さや対人的親和性が助長される。一般的に，人は安全だと感じれば感じるほど，環境に対してよりオープンで**柔軟な対応**ができるようになる（Porges, 2003, 2007）。このことは，交感神経系と副交感神経系のバランスが，心拍変動（Heart Rate Variability［HRV］；Porges, 2007）を生じさせることに反映されている。したがって，対人関係における安全感は HRV と関連しており，HRV が高いほど，ストレスを受けたときに**自分を落ち着かせる**（self-sooth）能力が高い（脅威の処理を抑えることができる）と報告されている（Porges, 2007）。

　思いやりの神経生理学の他に，過去40年間で最も重要な進化モデルの一つとして，ジョン・ボウルビィ（Bowlby, J.）（1907-1990）の愛着理論がある（Mikulincer & Shaver, 2007）。受容−拒絶理論でも，似たような事柄が取り上げられている（Rohner, 1986, 2004）。（人間の進化における複数のケアギバーの重要性については，Hrdy, 2009も参照）。これらは非常に重要な理論であり，子どもと親のやりとりが子どもの脳と心理的能力に大きな影響を与えるということで，この分野の研究に衝撃を与えた（Cozolino, 2007; Siegel, 2001）。多くの哺乳類では，愛情は動機や感情を制御する鍵として進化してきた。人間の場合，無視されたり拒絶されたりするのではなく，大切にされていると感じることが，生理的状態や心の状態に大きな影響を与える（Cozolino, 2007; Gerhardt, 2004; Porges, 2007）。後述するが，CFT は，このような愛情と繋がりの意味を理解することを基礎としている。

　カメのように愛着システムを持たない種の場合，その寿命は短い。母親が数百個の卵を産んでも，生き残って繁殖するのは１〜２％に過ぎない。しかし，哺乳類の場合，外部の脅威から守ってくれるような安全で安心な居場所を提供し，苦痛の呼びかけに反応すること（MacLean, 1985）がボウルビィの愛着理論（Bowlby, 1969, 1973, 1980）の中心であり，**愛着は主に脅威から保護するための制御システムとなっている**（MacDonald, 1992）。ボウルビィ（Bowlby, 1969, 1973, 1980）は，乳児に安心感を与えることの意味と，そのことが乳児の発達，情動調節，「自己と他者の作業モデル」の内在化に与える影響を最初に考察した人物の一人である（Mikulincer & Shaver, 2007）。

思いやりに関する複数の領域

　哺乳類の子育ては長い時間をかけて進化し，複雑化していった。現在の人間の子育てについて考えると，下記のように多面的になっていることがわかる。

- **保護**　乳児を危険から遠ざけたり，助けに来たりする。
- **供給**　抗体入りのミルク，食べ物，暖かさなど，発達に必要な資源を提供すること。
- **なだめ**　乳幼児の苦痛を和らげ，「コンテイニング」†すること。
- **情動システムを刺激すること**　表情や遊びの機会を提供すること。
- **媒介**　乳幼児が世界に触れること。
- **教育と社会化**　世界や社会関係のルールについて教えること，境界を設定すること。
- **ヴァリデーション（承認）と「心の共有」**　感情的なコーチングとメンタライジング（Hrdy, 2009）。

　これらはすべて，さまざまな脳の成熟プロセスや心理的能力に影響を与える（Cozolino, 2007; Gerhadt, 2004; Gilbert, 1989, 2005a; Siegel, 2001, 2007; Wallin, 2007）。時間の経過とともに（人間の場合），他の親族（たとえば，兄弟や叔母）が乳幼児の世話の役割を果たすようになる可能性がある。実際，人間は思いやりを共有することに特に適応しているようで，乳児や子どもは自分の世話をしてくれる多くの他者と交流する。このことが，他者からの思いやりを求める動機や，他者からの思いやりの意図を読み取る能力を促進したと考えられる（Hrdy, 2009）。さらに，人間は生涯を通じて，好かれたい，求められたい，評価されたい，認められたいという高い動機を持つ（Barkow, 1989; Gilbert, 1992, 特に Chapter7, 1997, 2007a, 特に Chapter5, 2007c を参照）。

---

† （訳注）　精神分析家のウィルフレッド・ビオンが唱えた概念。乳幼児と母親との情緒的交流に基づく発達理論の基本として，ひろく心理療法一般に取り入れられている。

自分には価値があって，求められていると感じるような愛情のこもった思いやりは，乳児の生理学的な成熟に多大な影響を与えることがわかっている（Cozolino, 2007; Hofer, 1994）。霊長類，特に人間にとって，両親，友人，恋人などさまざまな人からの養育関係が，生涯を通じて非常に大きな生理的な影響を与える（Cacioppo et al., 2000; Cozolino, 2008; Schore, 1994）。CFT のコンパッションの概念は，これらのプロセスに基づいているため，コンパッションと CFT を考える際には，コンパッションのある人間関係の複雑さを念頭に置く必要がある（本書第16章を参照）。このように，進化論的で生理学的なアプローチが CFT の基盤となっている。

第 **6** 章 | 感情の制御——三つの感情制御システム，思いやり，そして CFT

　達成感，地位，愛着，性など，私たちの生物社会的な目標や**動機づけ**は，**感情**によって動かされる。こうした目標や動機に対して，物事がうまくいっているときには，ポジティブな感情が湧き上がるが，障害や脅威があるときには，脅威に基づく感情が湧き上がる。感情処理の研究により，動機づけを制御するさまざまなタイプの感情を生み出す，脳内のいくつかの回路が明らかになった（Panksepp, 1998）。

　最近の研究で有益で単純化されたモデル（Depue & Morrone-Strupinsky, 2005; LeDoux, 1998; Panksepp, 1998）が提唱された。これらのモデルによると，私たちの脳には，少なくとも 3 種類の主要な感情制御システムが存在すると考えられる。そして，それぞれのシステムは，異なる役割を果たすように設計されている。これら三つの相互作用するシステムを図 2 に示した。

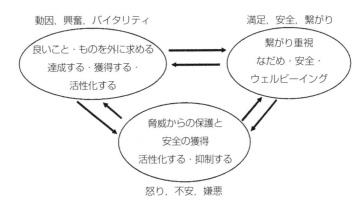

図 2　三つの主要な感情制御システムの相互作用　初出は，Gilbert, P.（2009a）*The Compassionate Mind*. London: Constable & Robinson and Oaklands, CA: New Harbinger. 許可を得て転載。

1 脅威と自己防衛システム

このシステムの機能は，脅威を素早く察知し，闘争，逃走，凍結（freeze）などの対処方法を選択し，不安，怒り，嫌悪などの感情を爆発させることである。これらの感情は体中に波及し，私たちに警告を与え，脅威に対して行動を起こすように促す。また，大切な人や友人，グループに脅威が迫っている場合にも，このシステムが作動する。すると，痛みや困難な感情（不安，怒り，嫌悪感など）の原因となるが，それと同時に，このシステムが**防衛システム**へと進化したことも大事なことである。実際，私たちの脳は，楽しいことよりも脅威に対処することを優先する（Baumeister et al., 2001）。脅威システムは，扁桃体や視床下部－下垂体－副腎（hypothalamic-pituitary-adrenal：HPA）軸などの特定の脳システムと連動している（LeDoux, 1998）。脅威モードになると，注意，思考，行動，感情，そして，イメージのすべてが脅威に集中し，心の各側面が保護と安全という目標に向けられる。つまり，心のさまざまな能力が特定の方法で組織化されるので，「脅威の心」と呼ぶことができる（本書第4章を参照）。動物でも人間でも，特定の脅威への対処に満足していると，他の脅威の兆候があっても感情が昂らないことがあり，それらの安全戦略が遮断されて初めて「脅威の心」が再活性化される。後述するが，安全行動や安全戦略は，短期的には感情の昂り度合いを下げることができるが，長期的には非常に役に立たない結果をもたらす可能性がある（Gilbert, 1993; Salkovskis, 1996; Thwaites & Freeston, 2005）。

そのため，脅威システムは脅威を素早く察知し（注意を集中させ），不安，怒り，嫌悪などの感情を爆発させる。これらの感情は体中に波及し，脅威に対して何か行動を起こすように警告し，自己防衛を促す。行動の出力には，闘争，逃走，服従などがあり（Gilbert, 2001a, 2001b; Marks, 1987），これは，システムが「転ばぬ先の杖」を志向しているので（Gilbert, 1998），条件付けされやすい（Rosen & Schulkin, 1998）。セロトニンの遺伝的およびシナプス的な調節は，脅威－防衛システムの機能に一役買っている（Caspi & Moffitt, 2006）。脅威システムの問題は，以下と関連している。

（1）脅威の性質，条件付きの感情的反応，個人的な意味に関連した，脅威保護システムを活性化するトリガーの種類。

（2）脅威防衛反応の種類と形態（怒りや不安，闘争や逃走，心拍数，吐き気，発汗，顔面紅潮，思考の高ぶり，注意集中など）。

（3）脅威防衛反応の速さと強さ。

（4）脅威防衛反応の持続時間と，嫌悪的な脅威を落ち着かせる手段と方法。

（5）外的な手掛かり（例：暴力的な家庭での生活）や内部の手掛かり（自己批判，反芻，心配）に関連した脅威防御システムの活性化の頻度。

（6）さまざまな対処法（経験的回避，役に立たない安全戦略など）やメンタライジング能力の低下が脅威感を促し，要素（1）〜（5）をさらに活性化する。

　ほかでも指摘されているように（Gilbert, 1989, 1993），ほぼすべての心理療法は，多かれ少なかれ，脅威からの自己防衛に焦点を当てているが，その理論や方法の種類は異なる。

　また，脅威をどう処理するか，また脅威に対してどう反応するかは複雑であることもわかっている。たとえば，脅威の記憶を含む情動記憶は，感覚系（扁桃体）や事象記憶系（海馬）などの異なるシステムに保存されており，フラッシュバックで恐怖体験をした人が，トラウマが再び起こると感じる場合のように，これらのシステムが葛藤することがある（Brewin, 2006; Lee, 2005）。ある種の恐怖は，メンタライズする能力を妨げる可能性がある（Liotti & Prunetti, 2010）。また，社会的葛藤の中では，不安や怒りを感じたり，泣きたくなったりすることもあるが，闘争と逃避を同時に行うことはできない（Dixon, 1998）。ストレスを感じると，**感情と「どうすればいいのか」ということとの間の葛藤が大きくなる**。私たちは，怒りによって感情のコントロールを乱すことに不安を感じたり，不安になることに怒りを感じる。また，仕事は嫌いだが，住宅ローンの支払いのために仕事を続けなければならないなど，接近と回避の葛藤によってもストレスが生じ，閉塞感が生じる（Gilbert, 2001a, 2001b, 2007a）。

感情の複雑さ

　どんな苦しい心の状態でも，複数の感情や葛藤があることをクライエントに認識してもらうことは有効である。例を挙げてみると，キムは，うつ病と不安症に苦しんでいて，パートナーとの口論の後，さまざまな感情に圧倒されていた。キムと私は，**複数の感情**，感情間の葛藤，人間関係の中での葛藤やジレンマなどが原因ではないかと考え，紙に円を描き，中心に「最悪の気分」と記し，その周りに，それに含まれる感情をブレインストーミングしてみた。すると，怒り，不安，絶望感，孤独感，誤解，関係を続けたい気持ちと別れたい気持ち，パートナーを責める気持ちと自分を責める気持ち，無力感，疑念，悲しみ，涙，などが含まれた。このほか，一種類の感情（怒りなど）に焦点を当てたり，他の感情（無力感や悲しみ・嘆きなど）から目をそらしたり，回避したりする傾向があるかどうかをクライエントが見つけ出すのを手伝うこともできる。そうすることでクライエントが，複雑で相反する感情に圧倒されることなく，**悩んでいる心の状態を構成する個々の要素を振り返り**，メンタライズすることができるかもしれない。

　このように，脅威の処理は複雑であり，このことをクライエントに説明し，脳がどのように働くのか，なぜ私たちは脅威の状態に陥るのかをクライエントと一緒に理解することが，困難を解決することに役立つ。

2　動因（ドライブ）・エキサイトメントのシステム（誘因資源探索）

　このシステムの機能は，私たちにポジティブな感情を与え，私たち（および私たちが愛し，大切にしている人たち）が生存し，繁栄するために必要とする資源を探し出すように導き，動機づけ，励ますことである（Depue & Morrone-Strupinsky, 2005）。私たちは，素敵なもの（食べ物，セックス，快適さ，友情，地位や評価など）を探し求め，消費し，達成することで動機づけられ，喜びを感じる。競争に勝ったり，試験に合格したり，希望する人と付き合えたりすると，興奮や喜びの感情を持つことができる。宝くじが当たって億万長者になると，軽い軽躁状態になる。元気になりすぎて眠れなくなったり，頭が冴えたり，常にパーティーをしたくなったりする。躁うつ病

の人は，このシステムの活性度が高すぎたり低すぎたりするため，問題が生じる。他の二つのシステムとのバランスが取れていれば，このシステムは人生の重要な目標に向かって私たちを導いてくれる。しかし，私たちの望みや目標を阻むものが「脅威」となると，不安や不満，怒りなどの脅威システムが作動する。

　このシステムは，主に活性化して「行動を起こす」システムである。ドーパミンが，私たちの意欲に重要な役割を果たしている。アンフェタミンやコカインを摂取する人は，「ドーパミン」というエネルギーを得て，ハイな良い気分になろうとする。しかし，結果はもちろんその逆である。ここではこのシステムを「動因（ドライブ）・エキサイトメントシステム」と呼び，ポジティブな感情や動機を**活性化させる**ことに重点を置いて進める。しかし，後述するように，達成感に焦点を当てたドライブの中には防御的なものもある（本書第14章を参照）。

誘因（インセンティブ）や目標の阻止

　しかし，前述したように私たちの意欲，目標，誘因が妨げられると，その妨害を克服するか，目標から「離脱」するまで，脅威システム（不安，不満，怒りなど）が活性化される（Klinger, 1977）。目標や願望を離脱してあきらめると，気分の落ち込み（たとえば，悲しみ）が生じる。あきらめることが，他の目標に与える影響が大きいほど，気分の落ち込みも大きくなる。うつ病のなかには，達成できない目標を追求し続けること（渇望）や，（達成可能な）目標からの離脱や再調整の失敗に関連するものもある（Gilbert, 1984; Klinger, 1977）。たとえば，人間関係での喪失，挫折，病気や怪我などに折り合いをつけられない人などである。クリンガーの誘因離脱のアプローチには，アクセプタンス・コミットメント・セラピー（Hayes et al., 2004）と適合するものが多々ある。目標の追求は，その機能性に対して考えることが大切である（本書第14章を参照）。

3　いやし，満足感，安全性のシステム

　このシステムにより，私たちは自己にある種のいやし，静けさ，安らぎを

もたらし，バランスを回復することができる。動物が，脅威や問題から身を守る必要がなく，何かを達成したり実行する必要がないとき，**満足することができる**（Depue & Morrone-Strupinsky, 2005）。満足感とは，「現状に満足している」「安心感がある」「努力したり欲しがったりしない」で，「内なる平和な気持ちである」というもので，動因・エキサイトメント系の高揚感や興奮，「努力して成功する」という感情とはまったく異なるポジティブな感情である。また，退屈や空虚感を伴うような，単なる「低脅威」とも異なる。瞑想や「スローダウン」を実践すると，欲張ったり闘ったりせずに心が落ち着き，人とのつながり感など，といった感情が感じられる。

　このシステムを複雑にしているのは，「コンパッション」が「愛情」や「やさしさ」とも関連しているからであるが，これは「思いやり」を探求するうえで非常に重要なことである。たとえば，赤ちゃんや子どもが不快感や悲しみを訴えるとき，親の愛情が赤ちゃんをなだめ，落ち着かせる。私たち大人にとっても，人からの愛情ややさしさは，悩んでいる人をいやし，日常生活の中で安心感を与える。このようないやしや安心感は，**エンドルフィン**などの充実感や満足感につながる安らぎの感情を生み出す脳内システムと同様の働きをする。**オキシトシン**というホルモンもまた，社会的安全感と関連しており，エンドルフィンとともに，他人から愛されている，必要とされている，安全だと感じることで得られる幸福感を与えてくれる（Carter, 1998; Wang, 2005）。このシステムは，私たちの幸福感に不可欠であるため，コンパッショントレーニングの中心的な焦点となっている。私はこれを**コンパッションと満足感のシステム**と呼ぶ。

　デビューとモロン・ストラピンスキー（Depue & Morrone-Strupinsky, 2005）は，二つのポジティブな感情制御システムを異なるタイプの社会的行動に結びつけた。彼らは親和的な関係を，主体性と社会性を区別した。主体性と社会性は，支配，達成の追求，社会的優位性，そして（脅威感を伴う）拒絶と孤立の回避と関連している。一方，温かくて親和的なやりとりは，他者の存在，社会的なつながり，安全性と関連する。親和的な社会的関係は，脳内のオキシトシン・オピオイド系を介して作用するので，人を落ち着かせ，痛みを感知するレベル，免疫系，消化器系を変化させる（Depue & Morrone-Strupinsky 2005）。オキシトシンは，ソーシャル・サポートと関連

しており，ストレスを緩衝する。オキシトシンが少ない人は，ストレス反応性が高いという証拠はよく報告されている（Heinrichs et al., 2003）。オキシトシンは，扁桃体における「脅威の処理」にも影響を与える。

CFTでは，「安全の希求」と「安全性」を大きく区別している。安全の希求は，脅威のシステムと関連しており，脅威に対処したり，防止することである。安全性とは，個人が自分自身と世界に満足し，平安であることを可能にする心の状態であり，リラックスした気づきと探求能力を備えている（Gilbert, 1993）。安全性は活動性の低さとは異なる。安全だと感じれば，活動的でエネルギーに満ちた状態になる。たとえば，孤立して他人との距離を保つことで安全な状態を作り出そうとする人がいるとしたら，それはより「安全の追求」をしていると考えられる。この問題点は，脳が孤立や断絶そのものを脅威とみなしてしまうこと，さらに，この安全行動によって，脅威に対する自然な調整装置であるエンドルフィン・オキシトシン系のシステム（これは親和性に関連する）から切り離されてしまうことである。したがって，回避と孤立はある程度機能するかもしれないが，この行動が幸福感にどう影響するかを知ることは困難である。研究が明らかにしていることは，社会的関係から喜びを感じることができない社会的快感消失症は，さまざまな心理的困難と関連しているということである。

進化的機能分析

私たちの感情の性質と起源，そして感情が**何のためにデザインされているのか，その機能を理解することで**，いくつかの重要な事柄が理解できる。第一に，不安，怒り，嫌悪，悲しみなどの多くのネガティブな感情は，私たちの感情のレパートリーの正常な一部であるということだ。下痢や嘔吐のように，不快ではあるものの，基本的な保護機能を持っており，有害な影響があったとしても，必ずしも病的ではない（Nesse & Ellsworth, 2009）。保護感情はとても重要で，私たちの脳の中では大きな感情の担い手であり，ポジティブな感情を簡単に上書きしてしまう（Baumeister et al., 2001）。私たちの脳は幸福のために進化したのではなく，生存と繁殖のために進化したので，時には困難な感情や低い気分を受け入れ，許容し，対処する方法を学ぶ必要

があることをクライエントに説明するのも有効である。

　次に，感情システムはまったく正常に機能していても，入力に問題がある場合がある。たとえば，愛情のない人間関係に窮屈さを感じている人は，鬱になるかもしれない。もちろん，その人の注意，信念，反芻によって強められることもあるが，うつは，その人が置かれている状況の**正常な結果である**こともあり得る。いじめられていると，「ストレス・コルチゾールの出力」をコントロールするのは非常に困難である。人によっては，**ストレスの多い生活を送っていたり**，悲劇や損失を経験していたりして，それが原因で悲しい思いをしたり，悲しんだりしている。もちろん，考え方によって脅威に基づく感情を増幅させたり（Wills, 2009, Dryden, 2009），さまざまな形で回避行動をとったりすることもあるが（Hayes ら，2004），不快な感情や反応の一部は異常なものではなく，コンパッションを持って対処する必要があることを，人々が認識できるようにすることが重要である。

　三つ目の問題は，現代社会がさまざまな方法で，脅威（不安定な雇用，家の抵当権，貧困）と衝動（「もっと欲しい，もっとしなければならない」）の両方のシステムを過度に刺激し，つながりの欲求や社会的比較の焦点を混乱させていることを認識することである（Gilbert, 2009a; Pani, 2000; Wilkinson & Pickett, 2009）。トウェンギら（Twenge et al., 2010）は，メンタルヘルスの問題が，特に若年層において驚くべき速さで増加していることを示すエビデンスの大規模なレビューを行った。この原因の主たるものとして，個人主義や物質主義といった外発的な目標や，競争や順位に焦点を当てた自己評価へと文化がシフトし，協力やコミュニティ，共有といった内発的な目標から遠ざかっていることがあると述べている。つまり，恥とメンタルヘルスの問題を，社会と関連付けて考える必要があるということだ。

第**7**章

親和・温かさ・愛情

　これまで，愛着の進化が哺乳類の心理において最も基本的なものであることを学んできた。また，愛着の進化は，感情制御システムの発展に大きな影響を与え，特にエンドルフィンとオキシトシンで作動する社会的な安らぎシステムの重要性に影響した。この安らぎシステムと，これに関する神経ホルモンは，脅威の調整に重要な役割を果たしている。

　しかし，思いやりの種類によって，安らぎシステムへの影響や刺激は異なる。たとえば，温かさや愛情を持たずに思いやることもできるが (MacDonald, 1992)，いやしとエンドルフィンの分泌に最も関連するのは温かさであろう (Wang, 2005)。温かさには柔らかさ，やさしさ，親切さ，心配り，そして遊び心などさまざまな性質が含まれる。温かさとは，単なる保護の提供でない。温かさや愛情がなくても，愛着を持つことはできるし，愛着がなくても（その欲求がなくても）他者への愛情のあるケア（例：臨終の人のケア）を行うこともできる。支配的な動物や人間は，従属的な動物や人間にはできない方法で，自分の子どもを危険や脅威から守ることができるかもしれないが (Suomi, 1999)，だからといってより多くの温かさを提供できているということではない。人間の場合，「あまり温かくない他者」への服従やなだめに基づいて愛着を形成することがある（それがその状況で最も安全なものであると判断したときなど）(Gilbert, 2005a)。実際に，不安定な愛着スタイルを持つ人は，他人をなだめることを愛着や安全を得る手段として用いることがある (Sloman, 2000)。さて，温かさがコンパッションにとって大事なものであるとわかったところで，「温かさ」とは何を意味するのか，考えていきたい。

温かさ

温かさを重要な人格要素とするモデルは数多く存在する。温かさは,「ビッグファイブ」と呼ばれるパーソナリティ特性分類の中の「協調性」や,対人円環モデルの「愛情 憎しみ」と関連している（McCrae & Costa, 1989）。多くの研究で,「協調的な温かさ」属性が,向社会的行動,より良い学業成績,幸福感と関連することが示されている（例：Laursen et al., 2002）。そう考えると,「温かさ」が治療のための研究や活動の焦点となるのは理にかなっている。

温かさは少なくとも三つの重要な属性を持っていると考えられる。まず第一に,温かさは,関心・思いやり・やさしさを示す言語的・非言語的なシグナルを提供し,**心をいやす**。第二に,温かさは,**好意**・愛情・つながりの感情を刺激する,「個人間のポジティブな感情の共有」を伴うことがある（無関心,引きこもり,攻撃とは相反する）。第三に,温かさは,個人がお互いに安全だと感じ,信頼しているときに生まれやすい。脅威に敏感で,防御的になりやすい人は,温かさを感じたり表現したりするのが難しいかもしれない。

温かさは,心を落ち着かせたり,**いやされる**といったポジティブな感情を支えるものであり,**防衛的な感情（怒り,不安,悲しみ）や行動（攻撃,逃避など）を和らげ**,求めること,行うこと,達成すること,獲得することから遠ざける働きもある。いやされるというポジティブな感情の一部は,ネガティブな感情の減少や制御からくる（例：安堵感,Gray, 1987）。しかし,**社会的安全性**が心を和ませるというポジティブな影響は,それ自体を考慮する必要がある。なぜなら,これらは脳に広範囲に影響し,非言語的コミュニケーション,顔の表情,声のトーンと言葉の内容,触覚などの特定の**社会的（安心感をもたらす）シグナル**と関連しているからである。

フィールド（Field, 2000）は,発達段階において,抱きしめること,なでること,触れることの効果に関する研究をした。実験用のネズミでも,定期的になでてあげるとより落ち着いて成長する。これらのシグナルは,それ自体が心を落ち着かせ,エンドルフィンの放出に影響を与える。サポルスキー

（Sapolsky, R. M.）は次のように述べている。

> 私たちはストレッサーを，生物に害を与える不快なことと考えがち
> だ。しかし，生物に良い物を提供するのを**怠る**場合もストレッサーであ
> る。触れ合いの欠如は，人間が被る可能性のある発達上のストレッサー
> のなかでも最も顕著なものの一つである。　　　（Sapolsky, 1994, p.92）

　つまり，生後間もない頃の「温かさによる安全性」とは，単に脅威がない
ということではなく，触れる，なでる，抱きかかえるといった，心を落ち着
かせる養育者のシグナル（Field, 2000），声のトーン，母親が子どもに話しか
けるときの「音楽性」，肯定的・愛情のこもった表情，授乳，そして**愛着の
絆**の基礎となる交流など，他者から**与えられ**，刺激されるものである
（Trevarthen & Aitken, 2001）。これらのシグナルは，安全感，結びつき，**ウェ
ルビーイング**をもたらすエンドルフィンを刺激し，乳児の生理的システムは
これらに同調する（Carter, 1998; Wang, 2005）。このように，乳児は生まれた
ときから，対人コミュニケーションや特定のシグナルに非常に敏感であり，
これらのシグナルは，覚醒を制御し，生理的システムを整え，発達の軌道に
乗せる働きをする。
　「コンパッションのある他者」について考えるとき，私たちは通常，ネガ
ティブな感情が少なく，温かさを生み出し，いやしのシグナル（たとえば，
自分のことを受け入れてくれる気持ちを持ち，親しみやすい表情やなだめる
ような声）を表現する資質を持っていると想像する。一人の遺伝子と生理機
能が，別の人の遺伝子と生理機能とコミュニケーションをとり，心もコミュ
ニケーションをとることで，基本的な協調関係が構築される。他者との交流
のなかで自己意識そのものが形成されていくが，その根底にあるのは，自分
を愛してくれる人を必要とする脳である。
　したがって，「他者にいやされ，安全だと感じる」ためには，特定の社会
的シグナルが必要であり，「いやしを発揮する」ためには，これらのシグナ
ルを他者に提供する必要がある（Gilbert, 1993, 2009a）。ボウルビィ（Bowlby,
1969, 1973）やポルゲス（Porges, 2003, 2007）が指摘しているように，ひとた
びいやされると，人はリラックスしたり（受動的安全性），意識を環境に向

けたり（能動的安全性）することができる。このような理由から，**心を落ち着かせる**（コンパッションのある）イメージや感情，思考を生み出す方法を人々に教えようとする治療活動が活発になってきた（Gilbert, 2000a, 2009a; Gilbert & Irons, 2005）。興味深いことに，他者を和らげるイメージを内面に育む（例：コンパッションのある仏陀のイメージを思い浮かべる）のと同じ考え方が，仏教のコンパッションのイメージ法の中心となっている（Vessantara, 1993）。重要なのは，恥の意識が強いクライエントの多くは，温かさやいやしを感じることが難しいと感じ，それを恐れ，抵抗する（本書第29章を参照）。まるで，このシステムが抑制・抑圧されているかのようにである。

ヴァリデーション（Validation）を求める

感情や（初期の）人生の出来事に対するヴァリデーション（理解しがたい感情を受け入れること）は，セラピーの中で扱われることもあれば，あえて避けられることもある。リネハン（Limehan, 1993）とリーヒ（Leahy, 2005）は，子どもの感情を受け入れ，くみとってあげることの重要性を説いた。これはコンパッションの重要なプロセスである。リーヒは，感情のヴァリデーションと感情コーチングが，さまざまな感情戦略や人との関わり方にどのように結びつくかを示した有用なモデルを提唱した（図3）。これらのスタイルは，セラピーやセラピスト・クライエント関係の中で現れる。

「コンパッションのある自己」を発達させ，チェアワーク（本書第21章と第22章を参照）に取り組むとき，私たちは，クライエントが自分の感情や感情の対立に対して，コンパッションをもってヴァリデーションする能力に多くの注意を払う。この能力を磨くには時間がかかることが多い。

認知能力

愛情は脳のビタミン剤のようなものだが，それは身体的な話だけではない。最近では母親が子どもの感情やニーズをどのように理解し，対応するかが，子どもが自分の心を理解し，コントロールすることに重要であることが

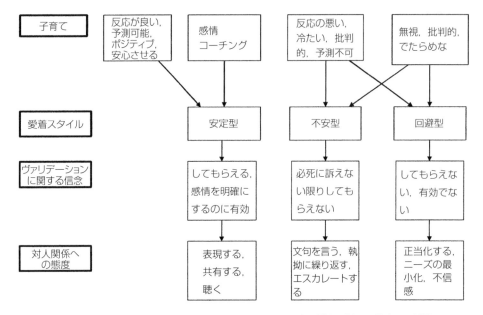

| 子育て | 反応が良い，予測可能，ポジティブ，安心させる | 感情コーチング | 反応の悪い，冷たい，批判的，予測不可 | 無視，批判的，でたらめな |

| 愛着スタイル | 安定型 | 不安型 | 回避型 |

| ヴァリデーションに関する信念 | してもらえる，感情を明確にするのに有効 | 必死に訴えない限りしてもらえない | してもらえない，有効でない |

| 対人関係への態度 | 表現する，共有する，聴く | 文句を言う，執拗に繰り返す，エスカレートする | 正当化する，ニーズの最小化，不信感 |

図3　子育て，愛着スタイル，ヴァリデーションに関する信念，対人関係への態度の関係性
Gilbert, P.（ed.）（2005c）*Compassion: Conceptualisations, Research and Use in Psychotherapy.*
London: Routledge より許可を得て転載。

わかってきた（Cozolino, 2007; Siegel, 2001; Wallin, 2007）。そのため，ヴァリ
デーションということに関して述べると，肯定的で愛情に満ちた関係の中
で，私たちは 安心して，自分の心を探究し，自分の感情を理解して心がい
やされ，満たされた気持ちになり，その過程で他者の心を理解できるように
なる。これらの認知能力は，自分の感情を振り返ることができるメタ認知能
力に不可欠である。メタ認知によって，自分の感情を振り返り，そこから立
ち直り，感情に圧倒されないようにすることができる（Allen et al., 2008;
Wallin, 2007; 本書第4章を参照）。

第8章 CFT アプローチの明確化

　これまでの説明で明らかなように，CFT は心の科学と基礎的な心理学研究に基づいている。また，メンタルヘルスに対して，理学療法的なアプローチをとっている。つまり，症状が出たからといって，そこに問題の根源があるとは信じない見方である。たとえば，私は腰痛を患っているが，腰にだけ介入することはあまり効果的ではなかった。あるとき医者が，私がとても扁平な足をしていて，膝が内側に入っていることに気づいた。それが背中の筋肉を圧迫していたのである。この医者は，問題である私の腰には触れずに，扁平足の問題に働きかけて，背中の問題を解決してくれた。心理療法でも同じようなことがあり得る。脅威のシステムを変えようとするだけでは，問題が他の感情システムにあることに気づかないかもしれない。たとえば，安心システムが不活発だったりする。そうであれば，安心システムを活性化させれば，他のシステムも落ち着くのである。

哲学的立場

　CFT の哲学的立場は，生命の本質を観察するところにある。これを「リアリティ・チェック」と呼び，人生の課題を探求する（Gilbert, 2009a）。「リアリティ・チェック」は，さまざまな症状を容易く「病気」にしてしまう習性を軽減するために行われ，セラピストのトレーニングにおいては鍵となる概念である。「リアリティ・チェック」には以下のものがある。

進化した心

　私たちは，哺乳類や霊長類が進化する流れのなかで生まれた種である。私たちの体，脳，心は，特定の感情（怒り，不安，嫌悪など）や防衛手段（感

情，闘争，逃走，服従など），元型的な動機付けシステム（愛着を形成する，地位を求める，集団に所属する，性的パートナーを求めるなど）に対応するために，独特な進化を遂げてきた。これらは「古い脳」の動機であり，特性でもあった。私たちの行動や思考の多くは，これらが原動力となっている。一方で，「新しい脳」の能力と才能（複雑な思考，内省，自己認識）は，古い脳の動機や情熱とやりとりをして，最高の自分や最悪の自分を引き出し得る。心の状態が異なると，異なる心の要素が作動されるのである。脅威や復讐心に満ちた心は，思いやりの動機や能力をオフにする。対照的に，思いやりのある心は，脅威などの感情，思考，行動を抑制する。

　したがって，CFT では，私たちの**脳が困難で厄介なものである**ことを認識する立ち位置から話を始める。**脳は，私たちの都合の良いように設計されていない**。私たちの思考，感情，行動は，原始的な感情，動機，恐怖にとらわれる可能性がある。仏陀も同様の考え方をしていて，私たちの心は混沌としていて，渇望していて，心を鍛えることによってのみ，心の中に調和が生まれ，自分と自分の行動に責任を持つことができると述べている。

悲劇的な心

　二つ目のリアリティ・チェックは，私たちの人生は比較的短いということ（運が良くても 2 万 5 千〜 3 万日）。私たちは遺伝子のくじ引きに巻き込まれていて，それによって人生の長さやどんな病気にかかるかが大体決まっている。白血病，嚢胞性線維症，マラリアなどは家族から子どもを奪うことがあるし，若い女性は乳がんの遺伝子のせいで早く亡くなるかもしれない。この世界には，身体を不自由にしたり，聴覚や視覚の能力を奪ったり，あるいはゆっくりと命を落としたりするような（エイズや認知症など），さまざまな病気が存在している。人間は長い間，さまざまな意味で悲劇的な人生を送っていることを理解してきた。そして，多くの哲学者や研究者がなぜそうなるのかを説明しようとしてきた。

　思いやりのあるセラピストは，「悲劇的な心」を認識したうえでセラピーに取り組む。私たちの人生における現実的な悲劇こそが，思いやりの重要性を呼び覚ますのである。つまり，共通の人間性であり，私たち誰もが遭遇する人生の困難である。

社会的な心

　三つ目のリアリティ・チェックは，私たちが不公平と苦しみの世界に生きているという事実である。人生の社会的状況が，脳の成熟の仕方，発達する価値観，動機，自己認識に大きな役割を果たしている（Schore, 1994）。私たちの認知能力や精神力も，人間関係によって助けられたり，妨げられたりする（Allen et al., 2008; Cozolino, 2007）。もし，私がメキシコの麻薬カルテルに生まれていたら，あるいは出生時に他の赤ちゃんと取り違えられていたとしたら，私は死んでいたかもしれないし，他の人を殺していたかもしれない。そのような環境では，私の中にあった可能性（心理学の教授や臨床家になること）が発揮される可能性はないだろう。「この人生」を生きる「あなた」は，多くのバージョンのうちの「一つのバージョン」にすぎないという事実を認識することは重要である。私たちがクライエントを見るとき，私たちは彼らの可能性の一面しか見ていない。私たちは，クライエントが他の可能性を認識し，開花するのを手助けできるだろうか。

「自分のせいじゃない」から「責任をもつ」へ

　このような心と脳の難点についての共通理解によって，心の中で起こっていることの多くは，**人間が設計したものではなく，つまり，自分の責任ではない**という認識につながる。この点をしっかりと意識することは，うつ状態や心のコントロールを失ったりしたときに，自分は無価値で，役立たずで，ダメな人間だという感覚を弱めるのに重要な役割を果たす。私はこれまで重度の境界性人格障害と診断された人たちに CFT モデルを紹介し，彼らの脳内で起きていることの多くが彼らのせいではないことを説明してきた。私たちは皆，何百万年もの進化を経て作られたこの難しい脳を持ち，自分自身の感覚と，これまでの社会的な状況から得られたさまざまな感情の記憶を持って，**ここにいる**のである。これらは自分で選んだわけではない。しかし，多くの人がこうした説明をセラピーで受けることは残念ながら少ない。また「我に返る」ことは，複数の要因の結果であることも私はセラピーで話し合う（Gilbert, 2009b）。なぜなら，セラピーの最初のほうでこうしたことを確

認しておくと，クライエントは恥を感じにくく，安心するからである。クライエントの多くは，自分が悪い人間だとか，変な頭脳を持っていると感じている。自分が抱えている問題や心の病気の診断を受けたことで，自分は何かおかしいと感じている。なので，私たちはクライエントに「私たちはあなたの診断にはあまり興味がありませんが，あなたの脅威，興奮，安心の感情システムがどのように機能しているかにはとても興味があります」と言う。自分の心の問題が「自分のせいではない」と理解してもらうのは非常に重要である。なぜなら，そうすることで自分の困難に，より客観的な（コンパッションのある）方法でアプローチできるようになるからである。

　しかし，これはほんの始まりに過ぎない。なぜなら私たちは「原因」と「責任」を混同しがちであり，この二つを区別することが非常に重要なのである。そのため，私たちは次のように提案している。「あなたの心のあり方や，そこにある情熱，恐怖，怒りは，あなたのせいではないでしょう。しかし，自分と他人の幸せのために，心を鍛える責任を持てるのはあなただけです。それは庭のようです。庭を放っておけば成長し，雑草や花が生えてきますが，ただ放っておくだけでは，めちゃくちゃで良い庭にはならないかもしれません。私たちの心も同じです。だからこそ，自分の心の中で，改善したいと思う要素を**育て，練習し，集中すること**が，自分の心を制御することにつながるのです」これは，扁平足や近視，さまざまな症状があるのはあなたのはせいではないが，それに対して何か行動を取るのはあなた自身ということにほかならない。

　したがって，「変化に責任をもたない」ことの意図しない結果について，クライエントの発見や振り返りを促すことは有効である。しかし，これも一つのステップにすぎないことを念頭に置かなければならない。なぜなら，人は脅されただけでは変わりにくいからである。ガンになるよと言われても，タバコをやめられない人が多いのもこの例である。むしろ，変化の結果について現実的なイメージや絵を構築することが必要である。

　CFTでは，恥を軽減するアプローチと，介入が特定の感情システムを刺激するよう考えることが重要である。繰り返すが，クライエントが変化に対する責任をどんどん取るように努力することや，恥と感じずに挫折に耐えることを学ぶことは重要だが，ポジティブなコーピングやコンパッションのあ

る自己を構築すること（本書第21章を参照）は，責任をもつためのポジティブな焦点を与えてくれる。

新しい脳と古い脳のやりとり

　標準的な CBT では，セラピストは，役に立たない思考や信念，スキーマを特定し，その内容を変えようとする。しかし，メタ認知療法（Fisher & Wells, 2009; Wells, 2000），マインドフルネス（MBCT; Segal et al., 2002），弁証法的行動療法（DBT; Linehan, 1993），アクセプタンス&コミットメント・セラピー（ACT; Hayes et al., 2004）などの最近の治療法は，いずれもこのアプローチに疑問を呈している。これらの新たな療法は，反芻や心配，回避の性質に焦点を当て，認知の内容にはあまり焦点を当てていない。CFT では，ケースや状況に応じて，どちらも重要であると考える。たとえば，人々の信念の内容（安全でいるために，何が必要であるか等）を支援することは，非常に役立つ。しかし，私たちは「コンパッション」へのシフトを最初に考える。なぜなら，重要なのは代替思考の正確さだけではなく，代替思考に対する感情的な経験も含むからである（本書143-144頁を参照）。

　また，反芻，心配，自己批判に関連する思考のプロセスに注意を払うことも重要である。CFT では，これらのプロセスは，三つの（古い脳の）感情調整システムを刺激し，生理的なシステムを活性化し，特定の感情をあおるものであると考える。たとえば，見下されていると感じ，怒りや復讐心に駆られて反芻することは，**脅威システムと競争心**を刺激し，愛や仲間との絆の欠如を反芻することは，**脅威システムとケアを求める心**を刺激する。

　メタ認知療法において，ウェルズら（Wells, 2000; Fisher & Wells, 2009）は，メタ認知療法において，反芻（過去を振り返ること）と心配（前方を見ること）が脅威のシステムを常に刺激し，正常な回復プロセスを妨害すると説いた。この療法では，注意が自己と自己への脅威に過度に集中するため，問題が発生すると考える。この脅威の感覚は，反芻や心配によって形成，維持され，本来の自己制御する機能が，この感情ループとそれを引き起こす自己経験（たとえば，劣等感や脆弱性の信念）を修正することができなくなる。CFT では，自己制御戦略が失敗するのは，適切な感情制御システムに

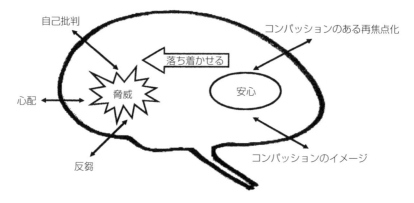

図4　異なる感情システムを刺激する

関わっていないからだと考える。つまり，認知の内容ではなく，脅威に焦点を当てた思考の繰り返しが有害なのである。したがって，クライエントの注意をどこへ向けさせるかは，この介入の重要な要素となる。CFT では，脅威から身を守るシステム，つまり，安心と親和のシステムを（コンパッションのイメージや再焦点化，注意力を使うことで）刺激することも有効だと考える（本書第2章を参照）。

　ウェルズのアプローチに限らず，メンタライジングに焦点を当てたアプローチで重要なのは，解決の難しい感情や困難は，**思考と脅威システムとの間にフィードバックループが維持される**ことである。脅威システムは，複雑な思考のためではなく，迅速な行動が取れるように設計されている。だからCFT では，新しい処理を促進するために，異なる感情システムに移行しようとするのは理にかなっていると考える。

　これは，図4のように表すことができる。矢印は両方向となる。つまり，脅威を感じれば感じるほど，私たちの注意や思考は脅威に集中し，脅威を経験する可能性があるということだ。要するに，頭の中で常に循環している自己批判，心配，反芻は，脅威に基づく中枢（脳）および末梢のシステム（交感神経系や副交感神経系など）を常に刺激しているということである。時間の経過とともに，これらの経路は強くなる。

　CFT は変化のメカニズムを次のように捉える。

（1）内的な脅威の刺激（反芻的，自己批判的，怒りなど）から離れること（メタ認知療法やマインドフルネス療法と同様）。そしてコンパッションに満ちた思考や感情に再び焦点を合わせる。

（2）感情の嵐から思いやりを持って一歩下がって，自分の考えや感情にとらわれるのではなく，自分のそれらが「わきおこったままに」「観察し，見守る」ことができるようになる（マインドフルネスやアクセプタンスに基づくセラピーと同様）。コンパッションの土台を持つことは，この難しいプロセスに有効である。

（3）安心システム（自然な脅威の制御装置）を活性化する。これは思いやりに焦点を戻すことやイメージをすることで可能になる。

（4）内的なコンパッションの土台を作ることによって，トラウマの記憶や回避されてきた感情など，嫌な内的経験に関わることができるようになる。

反芻と目標

　反芻は，目標や妨害感と関連していることが多い（Klinger, 1977）。したがって CFT では，反芻はしばしば目標に関する機能的分析を必要とする。たとえば，ミスをした後に反芻することは，自分が無能だと思われて拒絶されるのではないかという脅威と関連している。そのため，反芻は，誘因（インセンティブ）とリソースを求める動因（ドライブ）・システムの活動に結びつけることができる。CFT は，人々が，自分の人生に変化が必要なことだったり，ある物事をあきらめなければならないこと，何らかの喪失を受け入れなければならないこと，自分の目標や自己の感覚を再調整したり，恐怖を感じることに取り組まなければならないこと等を認識させる働きがある。そのために，CFT では勇気を育むことに焦点を当てる。それは心の中に，冷たく論理的でいじめっ子のような声ではなく，やさしく助けになるような，支援的な声を作り出すことで可能となる。

　そのため，CFT ではさまざまな介入において，コンパッションに焦点を当てることが大事だが，介入そのものはさまざまな（エビデンスに基づいた）療法から採用されたものである。

第9章 CFT のフォーミュレーション

　ケースフォーミュレーションとは，人々の困難の性質，原因，維持要因，緩和要因を理解しようとする個別的プロセスである（Eells, 2007; Tarrier, 2006）。多くのセラピストは，ケースフォーミュレーションは，そのクライエントの過去と現在の中に組み込まれる必要があり，その人の**感情，行動，思考の働き**の理解に基づいて行われるべきだと認識している（Cullen & Combes, 2006）。二人の人間が薬物を過剰摂取をしていたとしても，一人はうつのため，もう一人は酔っぱらって二日酔いのために飲んだ鎮痛剤の数がわからなくなっている，などということがある。少なくとも表面的には，比較的良好な結婚生活と仕事をしているように見える人のうつ病の意味は，貧困や家庭内暴力，過去の児童性的虐待が影響してのうつ病とはまったく異なる。どちらの人も，うつ病になって同じような症状が出て，「自分は弱くてダメな人間だ」と思っていたとしても，その信念の起源や機能はまったく異なる。

　ほとんどすべての心理療法では，メンタルヘルスの困難による症状は，脅威と，防御や保護のメカニズムに関係していると考えられる（Gilbert, 1993）。精神分析では，抑圧，投影，否定，昇華などの複雑な**内的**防衛を取り扱う。CBT も脅威と防衛の問題に焦点を当てるが，行動学的なフレームワークを用い，回避が主な防衛であるという理解に立つ。サルコフスキス（Salkovskis, 1996）は，多くの著作の中で，嫌悪的な結果の回避に関連するさまざまな行動を概説している（Thwaites & Freeston, 2005）。たとえば，CBT の機能は，人々に彼らの考え方が不合理であることや誤っていることを**示すことではなく**，彼らがどのようにして，（理解はでき得るのだが）助けにならない方法で，目の前の問題を理解しようとしたり，安全を得ようとしているのか，そしてその結果，行き詰まっているのかを調べることだと述

べている。彼は，人はしばしば安全行動に関する信念を育み，その信念を強めることがあると指摘する。たとえば，パニック症のクライエントは，心臓発作を起こすかもしれないと思って座り込むかもしれない。そして心臓発作が起こらなかったとき，その原因が自分の誤った信念にあるのではなく，座っていたことにあると考える。そのため，そのような安全行動が①短期的なベネフィット（例：安心感）や，②それを維持する信念，によって定着してしまう。安全行動と安全戦略は，**外的および内的な**脅威や障害を回避することを目的とし，**自己防衛の重要な要素**である。たとえば，社交不安のある人は，自分の発言に過剰に気をつけ，バカにされないように口数を少なくし，他人の目に自分がどう映るかを常に気にする。これは，拒絶されたり，恥をかいたりといった外的な脅威を避けるためである。不安の高まりという，**内的な**脅威をコントロールしようとして，もしくは，ただ気分が優れないという理由で，飲酒することもある。

　CFT では，三つの感情制御システムを中心に，**特に脅威と安全の方略の開発**に焦点を当てる。さらに CFT では，生得的かつ潜在的な安全方略が数多く存在し，それらが活性化され，自己評価を質的に向上させることができることを示唆している（Gilbert, 2001a）。たとえば，アンという子がいて，この子は日頃から親に脅かされていて，親の攻撃的な心理状態に敏感であり，脅威を察したら，すぐに服従や回避といった戦略を取る。服従と回避というのは，**生まれながらにして備わっている**社会的防御の行動レパートリーの一部である。アンが成長し，自己と他者を認識する能力が高まってくると，これらの経験（つまり安全方略）は，アンの**アイデンティティ**の一部を形成する。たとえば，強力な他者に直面したとき，アンは相手の心の状態と自分自身を観察し，相手の怒りをあおるようなことをしていないかを確認する。もし怒りの矛先が自分に向けられたら，自分が何をしたのかを考え（自責の念），脅威を最小限に抑えるために服従的な方略をとるだろう。さらに，これらの方略と共に，自分を弱いと見たり，責めるべきだと見たりするなど，自己に関する否定的な信念を持つようになる。CFT では，認知の歪みという言葉を使うのではなく，これらが新しく作られた安全保護方略であることを理解し，その人がそうした脳の機能や変化することへの**恐れ**を理解することに焦点を当てる。CFT では，特定の症状や鍵となる信念を特定し

ようとする診断的なアプローチではなく，脅威や満たされていないニーズから生じる安全方略の理解が重要となる。

CFT の主要要素

自己批判的で恥の感覚が強い人への働きかけとして，CFT では認知，行動，愛着のモデルを統合し，四つの主要領域に焦点を当てる。

（1）生育歴，既往歴の影響（それにより以下が生じる）
（2）外部および内部の脅威や恐怖（それにより以下が生じる）
（3）外部，また内部に焦点を当てた安全方略（それにより以下が生じる）
（4）意図しない結果（自己批判など，さらなる苦悩や安全方略，困難をもたらす）

意図しない問題や結果は，症状に関連づけることが可能で，それが（いわゆる）五つ目の主要領域，すなわち恐怖，怒り，そして自分が現在どのように不安やうつなどの感情に対処しているかについてのメタ認知を生み出す。

背景と歴史的影響

ここでは，幼少期の基本的な愛着スタイル，人生の出来事の中で感情的な記憶を探り，自分が大切にされていると感じるか，または無視されていると感じるか（それは満たされていないニーズ，脅威，虐待などに関連する）について考える。後者はゆっくりとしか現れない場合もあるし，本人がこれらの出来事を語れるほど安全だと感じているかどうかにもよる。たとえば，多くの人がセラピーを受けても，恥を感じるがために重要な問題を明らかにしない（MacDonald & Morley, 2001; Swan & Andrews, 2003）。このことを考えると，セラピーで「問題リスト」を起点と考えるセラピストは，恥の問題を見逃す危険性が高いといえる。

幼少期の経験は，さまざまな神経生理学的システムをパターン化し，感情

制御システムを調整する（Cozolino, 2007; Ogden et al., 2006）。たとえば，幼少期の養育（またはその不足，虐待）が，脳の成熟，感情制御（Gerhardt, 2004; Schore, 1994, 2001; Siegel, 2001），認知能力，および他人の考えや感情を理解する能力に影響を与えることがわかっている（Allen et al., 2008; Siegel, 2001）。セラピストは，ライフイベントによって引き起こされる可能性のある重要な感情の記憶を探る（Brewin, 2006）。

　しかし，人によっては，ネガティブな出来事の記憶が乏しく，頭の中が真っ白になってしまったり，自分の過去を明らかにすることがストレスになったりすることがある。また，「すべてが素晴らしかった」と言いながら，後になってそうではなかったことに気づく人もいる。自分の生い立ちを振り返り，そこに一貫性を確認することの重要性は，成人愛着インタビューを用いた愛着に関する研究で明らかにされている（Mikulincer & Shaver, 2007）。そのため，具体的な質問をすることが重要であることがわかっている。「あなたは，あなたのお母様（またはお父様）があなたを愛していると感じていますが，彼女（彼）は**どのように**それを表しましたか。**どのようにして**あなたを慰めてくれましたか。**どのようにして**あなたの気持ちについて話をしてくれましたか。**どのような形で**身体的にやさしくしてくれましたか。もしあなたが悩んでいたら，**どのように**助けてくれましたか」。恥に基づく問題では，一般的に，親密さ，ヴァリデーション，支えてくれるといった感情が欠如し，距離感や脅威，危害をうけるという経験がよく報告される。

　慎重に生育歴を振り返ることは，単に「事実の発見」や「ホットスポット」（個人的に感情的意味のある物事）の特定だけでなく，人々の人生経験をコンパッションを持って共感する重要な機会となる（Leahy, 2005; Linehan, 1993）。このような方法で「安全性」を作り出すことで，人々は自分の困難についての首尾一貫した物語を認識できる。セラピーは，このように関心を持ち，偏見を持たず，コンパッションを持つ方法で，他人の心が自分に向いていることを初めて経験する機会となり得る（Gilbert, 2007b）。これにより，「悲しみよりも安全優先」を人生の方略としていた心が，経験により質的に変化した自己の感覚を持ち，表現型の発達という観点で自分の問題を理解するプロセスが開始する。

感情の記憶

　自分が感じた感覚を探り，それが感情の記憶とどう結びついているかを理解することは重要である（Gilbert, 2003）。

　　子どもが他者とのやり取りの中で，**他者の感情**をどのように経験するか考えてほしい。これはその子にとって自己に関する信念の基礎となる。「私は愛されるべき有能な人間である」という肯定的な信念が，実際には「私の記憶システムには，**他者の肯定的な感情を引き出したり**，愛情を持って接してもらったり有能だと見てもらえたりした，感情を伴った多くの経験があるため，私は愛されるべき人間である」という意味を持つ。たとえば，親が子どもに対してよく怒るとする。この子どもは，他人が自分を肯定的に見ていないという信念を持つようになる。これは，「私の記憶システムには，**他人に怒りを引き起こしたことや**，悪い人として扱われたことなどの感情を伴う経験がある。だから私は悪い人なのだ」という意味になる。親がいつも子どもを軽蔑したり，愛情を失い，子どもから目をそむけているとする。そのとき，子どもに内在化するのは怒りではなく，喪失感や侮辱感である。この子どもは，人から「自分は目を背けるべき存在」と見られていると思い込み，自分は愛されない存在だと考えるようになる。これは，「私の記憶システムには，**他者からの愛情を失い**，望ましくないものとして扱われたという感情を伴う経験がある。だから私は望ましくない」という意味となる。性的虐待を受けた子どもの場合はどうだろうか。これは，「私の記憶システムには，恐怖と嫌悪の感情を伴う経験がある。だから私は悪い人間だ」ということになる。トムキンス（Tomkins, 1987）は，恥（およびその他の自意識的な感情）は，人間関係における自己のイメージの一部として記憶に蓄積されると説いた。それらの部分がその後，注意，思考，感情，行動の「小さな調整役」となり，ユングのいう「コンプレックス」を生み出すことになる。
　　　　　　　　　　　　　　　　　　（Gilbert, 2003, pp. 1221-1222）

精神力動的なセラピストはこれらのプロセスを「自己対象」と表現し，認知療法的なセラピストは「自己スキーマ」と表現する。いずれにせよ，重要な点は，自己のスキーマは他人とのやりとりから生まれ，感情的な記憶に根ざしており，それが身体の記憶や「感覚」に影響を与えるということだ（Brewin, 2006; Ogden et al., 2006）。だから，CFT で恥という感情に取り組む際に，核となる経験（たとえば，脅威，孤独，悲しみなどの経験：本書第10章と第11章を参照）に直接働きかけ，その記憶を再検討し，コンパッションのある安全な感情の経験を新たに創造するのである（Hackmann, 2005; Lee, 2005）。恥に対する合理的な代替思考を創造することで感情処理を図る。これだけでは，防衛的志向を助長する記憶に良い影響を与えるには十分ではないかもしれない（Brewin, 2006）。

脅威，恐れ，満たされていないニーズ

　幼少期の経験によって，私たちは，安全で安心できると感じることもあれば，簡単に脅威や不安を感じることもある（Mikulincer&Shaver, 2007）。長期的な影響力を持つ幼少期の主な恐怖は，見捨てられたり，離ればなれになったり，拒絶されたり，恥をかいたり，虐待や危害を加えられたりといった元型的で生得的なテーマであることが多い（Gilbert, 1989; Beck et al., 2003）。CFT では，**外面的な脅威**と**内面的な脅威**を区別する。**外面的な脅威**は，世界や他人からもたらされるものに関連するが，内面的な脅威は，自分自身の中に現れるものに関連している。たとえば，他人から拒絶されたり，危害を加えられたりするという外面的な脅威と，不安や怒り，抑うつなどで自分をコントロールできなくなるという**内面的な脅威**の両方がある。実際，一度うつを経験した人が，再びうつ状態になることを恐れて，それが反芻，回避，不安，さらには自殺へとつながることもある（Gilbert, 2007a）。特に，以下に挙げる要素に着目すると，幼い頃からどのようにして自分を守ろうとしてきたかを理解することができる。私たちは人生の中で常に，困難な生い立ちが何を生み出したか，そこでどのように「安全方略」や「自己防衛」を育んだか，また「何を習得すべきか」ということを考えている。そして，「そのときできる最善のことをした」という考えに至ることもある。

安全と代償の方略

　私たちの脳は，生後間もない頃から，安全を求め，自分を守り，落ち着か
せるためのさまざまな方略を自動的に習得する。このような方略は，生まれ
ながらに備わっており，遺伝的にそれぞれ異なる。たとえば，スキンシップ
など身体的な愛情でいやされやすい子どもとそうでない子どもがいる。ま
た，親を安全な拠り所とすることができる子どももいれば，親そのものが脅
威となる子どももいる（Liotti, 2000）。また，子どもが脅威に直面したとき
に，親を参考にして，安全かどうかを判断したり（視覚的断崖の実験のよう
に），自らを落ち着かせたりする（Mikulincer & Shaver, 2007）。その一方で，
回避的な子どももいる。これらはすべて，脅威のシステムをどう制御したか
に関係している。

　親は子どもの安全にとって非常に重要であり，子どもは親の心に影響を与
えようとする（Liotti, 2000, 2002; Wallin, 2007）。子どもは，服従的だったり，
競争的だったり，思いやりを発揮したり，さまざまな戦略を取る。こうした
安全戦略は，親が自分を評価したり，大事だと思ってくれることを期待して
いる。攻撃性や衝動性などの外在化する安全方略を発達させてしまうと，有
効な人間関係を構築することから遠ざかってしまう。その人が危険であるこ
とが認識され，周りはそれを警戒する。これ（突然攻撃的になること）は，
優勢なサルが他のサルの恐怖心を引き出すために用いる方略である（Gilbert
& McGuire, 1998）。

　人間は，ストレスを感じたときに，いやしが得られるよう，思いやりのあ
る愛着を必要とするように進化してきた。これらが成されないと，成長に支
障をきたす。満たされないニーズがあると，最適な成長への特定のインプッ
トが欠けているという点で，後に脅威となる。ここから，特定の**渇望**や恐怖
につながり，それが人間関係を難しくすることがある（Knox, 2003）。ここに
複雑な安全方略と代償方略が伴う。たとえば，父親との関係が悪かったり，
冷たい母親から自分を守るために父親を頼ったりする少女は，父親像と親密
な関係を築くことを渇望する。そのため，愛着関係の構築に適切かどうかは
蔑ろにされ，年上の男性に惹かれるようになる。保護，なぐさめ，ヴァリ

デーション（承認），励まし，達成を喜ぶなど，親が持つ機能は，セラピーの場において，あるいは他の人々から求めることができる。自分が望んでいるような形でそれらが提供されていないことに気づくと，その人は再び妨害されたと感じ，失望することもある。

意図しない結果

　CBT（認知行動療法）では，安全方略はほぼすべてのケースにおいて意図しない，しばしば望ましくない結果をもたらすことが基本となっている（Salkovskis, 1996; Stott, 2007; Thwaites & Freeston, 2005）。また，これらの結果は，問題を持続させることもあれば，さらに悪化させることもある。たとえば，自分の感情におびえている人（例：ある感情が引き金となり，内的な脅威を引き起こす）は，ACT やマインドフルネスなどのさまざまな曝露療法で重要視されている「経験的回避」を行うことがある（Hayes et al., 2004）。感情を表に出すことが他人に与える影響を恐れるあまり，人間関係においてオープンになったり正直になったりすることを避けるようになる。その結果，人間関係においては，修正的なやりとり（お互いの不満を共有することなど）が欠如し，人は言葉にならない恨みをますます反芻するようになる。このような反芻は憂うつなものであり，たいていの場合，本当の困難や解決策を見極めることや，自分が好きなことや感謝していることを認めることが苦手になる。従順的に振る舞ったり，否定的な感情を隠すことでポジティブな関係性を維持しようとすると，意図しない，まさに恐れていた結果を招くことになる。そして，その人は，自分には何か問題があるから愛される価値のない人間なのだと結論づけ，トラブルを引き起こしているのが自分の安全方略のための行動であることを認識しないかもしれない。

　脅威，安全方略，意図しない結果の間には，複雑な関係がある。たとえば，デイビッドは，幼い頃に兄弟を亡くしたこともあり，感情的に恵まれない家庭環境で育った。彼は「恐れていることは起こる」という雰囲気の中で育った。彼の母親はしばしば心の問題を抱えており，イライラしたり，幼いデイビッドに対して攻撃的になることもあった。彼は心の奥で，「どうせすべては打ち砕かれるのだから，自分のことを肯定的に見れたらいいなどと望

まないほうがいい」という方略を持っていた。これをセラピーで発見するの
に私たちはかなりの時間を要した。自分のことを肯定的に考えることができ
ても，母親の怒りや批判を受けると「胸が締め付けられるような気持ち」に
なり，「肯定的に考えるのは完全に間違っている」と感じた出来事をいくつ
も思い出した。彼は，意図的にポジティブな感情を刺激しないようにする心
の方略を知らず知らずのうちに身につけていた。ポジティブな感情を刺激し
なければ，うつ状態から抜け出すことはほぼ不可能だと認識するまでにはさ
らなる時間を要した。彼はポジティブな感情，自己に対するポジティブな感
情，そして，他人に頼ることへの恐怖を明確に認識していた。彼は仕事上で
は非常に頼りがいのある人物として知られており，何事にも割って入って
いった。しかし，それは自分が責任を負いたいからではなく，他の人が良い
仕事をしてくれると信じられないからだということに気付いた。捨てられる
ことが怖いのではなく，自分で責任を取って物事を解決できる人がいなく，
すべてが失敗になるのではないかと恐れていた。ここからもたらされた転移
が深刻だったことは言うまでもない。

　本書でこれらの複雑な部分の詳細を述べることは主旨から外れてしまう
が，もしセラピストが，ソクラテス式のガイド付き発見法を用いて，その人
の人生における脅威と自己防衛の**ユニークなパターン**に注目すれば，そのよ
うなテーマが浮かび上がるだろう。だから CFT では，特定の問題やコア・
ビリーフ（心の深くで強く信じている概念）をチェックリストのように事前
に特定しようとするのではなく，複雑な機能分析と内省的なナラティブに基
づいて（感情制御の三つの輪をベースに）行うことを推奨している（本書第
6 章参照）。

　さまざまなセラピストが，クライエントに「良き理由でやっているが，実
は役立たないこと」をしてきたと認識できるように，支援することを語って
いるが，具体的な安全方略と幼少期の出来事との関連性を，**感情的な繋がり
を持ってはっきりと理解することが重要である。人は感情的なつながりを
持ったときに変化が起こり**，そのつながりはときに非常に感動的なものとな
る。言い換えれば，「ただ言うだけ」ではなく，クライエントが感情的につ
ながっていることを確認することである。以下，自分自身にとても腹を立て
ているスーザンの場合を考えてみよう。

ポール　スーザン，私の理解では，あなたのお母さんがドラッグを使っていたり，アルコールを飲んでいたとき，あなたはそれが怖くて，自分の部屋に隠れて，とても孤独を感じていたのではないでしょうか。(少し間をあけて) でも同時にお母さんに近づきたい思いもある。あなた自身がドラッグに傾倒していくのは，人と繋がり，自分自身で気分を良くする方法を探していたのだから，どこにもおかしい点はないと思えます。もちろん，長年感じていた孤独な絶望感から解放されたい思いもあったでしょう。(少し間をあけて) ドラッグに手を出したのはあなたのせいではない。どうすれば気分が良くなるか，どうすれば人と繋がることができるかを考え，あなたの一部が，自分ができることを精一杯やろうとしたのだと思います。

スーザン　そうだけど，私は知っているはずだった。薬物が母の人生をめちゃくちゃにしているのは明らかでした。私がバカだった……本当にバカだったわ。

ポール　(とてもゆっくりとやさしく) スーザン，私を見てください。あなたのせいじゃないんだよ，孤独を感じていたんでしょう？　あなたのせいではないんだ。他の家族に生まれていたら，あのような道を歩むことはなかっただろう。(沈黙が続いたので，ゆっくりと繰り返しました) あなたのせいではないんだ。

スーザン　(スーザンは涙ぐみながら) そうかもしれないわね。私の中には，そのような道に進みたくないという気持ちもあれば，そうしたいという気持ちもあったんです。私はただ，誰かとつながりたかったの。誰でもいいから。私はずっとドラッグ中毒者とつきあってきたので，彼らはある意味で私の仲間で受け入れてくれているように感じ，私も彼らと似ていました。

　スーザンは母親を愛していると同時に，母親に対して怒りを感じていた。それを解決するためには，まず自分の怒りを捨てて，どうやって変わるかということを考えた。CFT では，怒りや恥を特定できれば，コンパッションを持って変化に取り組むことができる。しかし，それは一進一退のプロセスである。恥においては，他者を責めることと，自己批判との間を感情を伴つ

て繋げて理解すること，また，問題行動の背後にある「正当な理由」を曖昧にしないことも重要である。

　これらの四つの基本的な側面を形成すること（フォーミュレーション）で，その人の症状が，初期の背景や安全方略の自然な結果としてどのように現れたのかを考えることができる。私たちは，病名をつけたり，ラベルを貼ったりする領域から，その人を理解する領域に入っているのである。つまり，クライエントの中で起こっていることの多くが彼らのせいではなく，彼らが自分の考え方や行動様式に知らず知らずのうちにとらわれてしまっていることを理解するのである（Salkovskis, 1996）。この考え方は，進化モデルと合わせて明確に伝えられれば，恥や自己批判の根源を食い止めることができる。

フォーミュレーションとそれぞれの輪

　さらに，フォーミュレーションは，三つの感情制御の輪（本書第6章参照）を用いて議論することもできる。ここでクライエントは，それぞれの輪（システム）について考え，それぞれが自分にとってどのように機能するかを考えてみよう。それぞれの輪の大きさはどのくらいだろうか。そして，それぞれがどのように機能しているだろうか。どのような人生の出来事が彼らの成長に影響を与えたのだろうか。それらの人生の出来事はどのようにお互いに影響しているか。彼らはどのようなものをそこに見出しただろうか。一般的にクライエントは，自分の脅威のシステムが，動因（ドライブ）のシステムや満足感・友好感・いやしのシステムよりも大きいように感じる。脅威を拭うために成果をあげたり努力をしていたり，他人からのやさしさを受け入れられない背景には，自分に対してやさしさよりも批判を向けていることなどがすぐにわかるかもしれない。そこで，三つの輪を使って，それぞれがどれだけ使われているか，どれが強い力をも持つのかなどという観点から，それぞれの輪の様子を描いてもらうとよいだろう。絵で表現することは，洞察力を高めたり，治療的介入を計画・実行するのに役立つ。また，脅威と自己防衛のシステムが過剰に発展していることをクライエントと共に振り返ることもできる。

フォーミュレーションは一つのプロセスではない

CFT は，複数のステップで展開される，継続的で異なるフォーミュレーションのプロセスがある。その概要は以下のとおりである。

第1ステップ

- 現在の問題や症状の提示。
- 現在の困難を認め，理解する。
- 潜在的な困難を考えたうえで，治療的（セラピスト-クライエント）関係の確立。

第2ステップ

- 文化的，過去の背景を探る。
- ライフ・ヒストリーを物語る。
- 自己と他者の重要な感情的記憶（自己と他者のスキーマ）に対する洞察を得る。

第3ステップ

- モデルの四つの領域においてフォーミュレーションを行う。①背景，②脅威，恐れ，懸念，満たされていないニーズ，③内的・外的安全および代償戦略，④意図しない結果。
- 回避，反芻，薬物使用や自傷行為など，問題のある安全方略や感情制御方略を特定する。

第4ステップ

- 進化した心のモデルを説明する。

- 「自分のせいではない」ことと「責任をとる」ことの区別をする。
- 「三つの輪」を説明し（図2，本書38頁），状況をこのフレームで考える。
- 「脳の図」（本書127頁）を説明する。

第5ステップ

- セラピーにおける課題を特定する。例：思考のモニタリングと代替案の生成，行動実験，段階的な課題，「コンパッションのある自己」の，開発，コンパッションのイメージングや手紙書きなど。
- 障壁や困難を探る。

第6ステップ

- 進捗状況や新しい情報を踏まえて，以前のフォーミュレーションを見直す。
- セラピー課題の作成と調整。
- 今後セラピーで共に取り組む事柄，そして，セラピー外で取り組む事柄。
- 実際の生活で練習すること。
- 終結に向けての準備。

　以上は無論**一般的なガイダンス**にすぎず，必ずしもこの順序で直線的，機械的に展開する必要もなく，他にも多くのサブ・フォーミュレーションがありうる。だから，直線的な順序を説明したが，そう簡単にはいかないのが現実である。それぞれのクライエントがさまざまなステップを異なるスピードで進み，行ったり来たりするかもしれない。重要なことは，フォーミュレーションはセラピーという旅におけるさまざまな側面に焦点を当てる，進行中のプロセスであるということだ（Eells, 2007）。このすべてのプロセスにおいて，クライエントが，心の中やセラピーの中で起こっていることをメンタライズし，客観的に見たり振り返る能力にばらつきがあることも覚えておいてほしい。こうしたメンタライジングの能力はセラピーに影響を与えることだ

う。したがって，メンタライジングの能力のアセスメントは，フォーミュレーションと治療計画にとって重要である。

　さらに，フォーミュレーションでは「セラピーの目標」や「アウトカム」を明確にする。クライエントの目標や目的を理解し，一緒に考え，形成していく。そこには自分のアイデンティティに関するものもあるだろう（例：コンパッションに満ちた自分自身を開発する）。それらは介入において重要な鍵となる。つまり，症状だけに焦点を当てることとは異なるのである。

第10章 | 恥

　自己評価や自己感情に関する悩みは，多くの心理療法で中心的に扱われている。しかし，恥の文献や自意識的感情の科学を考慮したものは少ない。しかし，現在かなりのことが分かっている（Tracy et al., 2007）。「恥」の複雑性を理解して，対処することはCFTにおいて重要である。CFTの恥のモデル（図5を参照）は，人が，他者の心の中に自分に対する肯定的な感情を抱かせたいと思い進化してきたことと関連している（Gilbert, 2007c）。つまり下記のとおりである。

　（1）私たちは皆，他者の心と繋がり，大切に思われたいという欲求を持って生まれてくる。これは，あるコミュニティと繋がったり，有益な人間関係を育むために受容や所属感を探し求めたり，求められ，感謝され，価値があると思われたいと望むようになる（Gilbert, 1989; Hrdy, 2009）。こうした欲求を実現できれば，（大切にされていないと感じることとは反対に）私たちの世界はより安全なものになる（つまり，脅威のシステムが落ち着く）。有益な人間関係は，生理的な調節をしてくれるのである（Baumeister & Leary, 1995）。
　（2）私たちが親密な関係をどのように経験するか，すなわち思いやりがあるか，無関心で虐待的なのか，また仲間関係についても思いやりがあって受容的か，拒否的で虐待的なのかは，他者の心に生きる私たちにとって，自分が自分をどう感じているのかに大きな影響を与える。外的な恥に弱いということは，**他者の心の中にある**自己についての否定的な感情や思考に敏感であるということである。つまり，他者の心に自分がどのように存在するかを考えることは，私たちが世界で安全であると感じるための基礎となる。したがって，外的な恥はこの

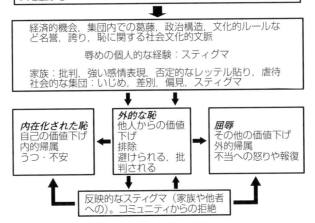

図5　恥の進化的・生物心理社会的モデル　Gilbert P.（2002）"Evolutionary approaches to psychopathology and cognitive therapy", in P. Gilbert（ed.）Special Edition: Evolutionary Psychology and Cognitive Therapy, *Cognitive Psychotherapy: An International Quarterly*, 16: 263–294. を基に作成。

モデルの中心となるのである（図5）。

（3）外的な恥に対する防御策（安全方略）は大きく二つある。ひとつは，セルフ・モニタリングと自己非難に関連した従属的，従順な方略を採用する（内面化された辱めの反応）である。もうひとつは，外在的で屈辱的な反応であり，より支配的で攻撃的な反応をする。これらは意識的に選択されるのではなく，さまざまな表現型があり，また，その状況で変わることもある。

（4）反映的な恥は，他者と関係することでその他者があなたにもたらす恥や，自分が他者にもたらす恥である。これは特定の文化では特に重要であり，たとえば名誉殺人と関連している（Gilbert et al., 2004c）。

他のモデルと同様に，CFT は**外的な社会的世界**に関する恐怖と信念（他人が自分について思っていることや，自分に対してできること）と，**内的な恐怖と信念**（たとえば，自分の欠点に対する恐怖，自分の感情，想像，思考

のコントロールを失うこと）を区別する。もちろん，外的に焦点を当てた恐怖と内的に焦点を当てた恐怖には，重なる部分や相互作用する部分もあるが，恐怖の焦点をどこに置くかによって，対処行動（保護－安全戦略）と介入が異なるため，CFTではこの区別を繰り返しクライエントと明確にする。そのため，二つのタイプの考え方を明確に分けて考えることが有効である。たとえば，恋愛関係の破綻は多くの悲しみをもたらすかもしれないが，恥を伴う場合には，他の二つの思考が存在する。以下，ティムの例を見てみよう。

外的な恥	内的な恥
自分のことを他者がどう思っているのか（客体としての自己），に焦点化した注意と理由づけ。	主体としての自己の経験に焦点を当てた注意と理由づけ。
サリーが私を嫌になったから，この関係性は終わってしまった。	何を言えばよいか，したらよいか，よくわからなくなったり，しばしば不安で確信が持てない。混乱し，傷つきやすくなる。自分の不安のせいで，自分がしたいことができなくなるかもしれないと不安になる。
サリーは私をつまらなく，心配性と思っている。彼女は素敵だが，最後のほうはどうやって別れようかと考えていたのだろう。	これは本当に情けない。自分に対して情けない。
最も恐れていること	**最も恐れていること**
他者の心の中に，私はつまらなく壁	変化できなかったり，不安に対処で

紙のような人間だと認識されること。愛情を得られないこと――つまり，孤独な運命であるということ。	きず，望ましくない自己のままでいること。孤独でみっともない自分から抜け出せないこと。誰からも求められない存在。
（他者に関する，子どもの頃の記憶が再起）	（自己に関する，子どもの頃の記憶が再活性化）

　通常，外的な恥と内的な恥の間には関連性があり，上記のように書き出すとよりよく理解できる。つまり，他人が自分について考えていることが，しばしば自分自身について考えていることなのである。これは投影と関係があり，脅威を感じると「転ばぬ先の杖」的な思考から投影が起こりやすくなり(Gilbert, 1998)，悪循環に陥ることもある。

　また，最も恐れていること（脅威）に焦点を当てていることにも目を向けてほしい。ここではいわゆる「ボトムライン」（CBT における自分自身に対する否定的信念）よりもむしろ「恐れ（脅威）」という言葉を使っているが，それにより脅威システムに直接，働きかけられるからだ。そして，これを，拒絶されることへの基本的で，進化した元型の恐れや，「他人の心を，自分に好意を持ってもらうよう動かすことができない」という恐れと関連させたい。脅威と関連づけると，外的な焦点は内的な焦点とは異なる機能を持つことになるため，自己批判をする内なる会話の機能を分析することが可能となる。外的な脅威に関連する思考の機能は，警告や説明であることが多い。たとえば，「人に嫌われるのは，自分は○○に弱いからだ」とか，「自分の○○を変えなければ／止めなければ／コントロールしなければ，周りから嫌われる」などである。これらは，よくある無意識的で従属的な悩みである。

　外的な恥と内的な恥では，保護－安全行動が似ていることもあれば，まったく異なることは留意するべきである。不安を制御するために，ある男性は恋人に会いに行く前にお酒を飲むかもしれない。しかし，彼女の気を引くために，本当は買えないような額の車を買ってしまうかもしれない。このよう

に，内的世界と外的世界から発せられる恐怖に対処する方法は，異なる場合
がある。

脅威システムを活性化させ得る恥に関連するトラウマには，二つのタイプ
がある。一つは，明確な虐待である。これは**侵入**のトラウマ，つまり，高圧
的で危険な他人が，当事者の境界やコントロールしているものを破壊する。
もう一つは，他者との**距離を取りすぎるタイプ**である。これは一般的には，
他者を喜ばせたり，他者から愛情を引き出すのが難しく，愛情が感じられな
い場合である。すなわち，自分が選ばれたり必要とされたりするのに十分で
ないという恥といえる（概念や測定尺度は Dugnan et al., 2002を参照）。

排斥の恥

この恥は，自分がほとんど注目されていない，あるいは必要とされていな
いと感じることに関連するもので，積極的な拒絶というよりは，消極的な無
視に近い。あるクライエントは，「私はお母さんが大好きでした。でも，お
母さんは仕事に夢中で，いつももっと大事なことがありました。私は，お母
さんにとって重要ではなかったのでしょう」と語った。このような人々は，
自分は「つまらない，魅力がない」と感じることがある。そして，他者との
繋がりを得るための努力家になる可能性がある。しかし，そこで成功して
も，満たされることはほとんどない（本書第14章を参照）。上記のティムの例
では，排斥タイプの恥や不安と関連している可能性がある。

侵入と暴行の恥

他者からの侵入を受けた人は，「他者」が**自分にしていること**を止めるこ
ともできないと感じ，無力感を覚え，怯えるようになる。自己を他者から
「利用される」対象として経験することもある。言葉による虐待や辱めは，
自己の体験に否定的な意味やラベルを**注入する**ことになる。進化論的には，
このような影響は「ミーム（基本的な考えや信念）」とみなされ，ウイルス
のように活動し，その人の心の中や，他者との人間関係のなかで複製されて
いく（Blackmore, 1996）。言葉による虐待や，他者から否定的な言葉で「自

己」を定義されることは，身体的・性的虐待と同じくらい有害になり得るという証拠もある（Teicher et al., 2006）。実際「お父さんやお母さんに愛されているとわかっていれば，殴られても大丈夫だったんだけど，バカとか役立たずとか言われて，愛されていないどころか，嫌われていると感じたとき，本当に深く傷ついた。自分の親に好かれていないのならば，自分は本当に役立たずなんだと思う」などという話をよく聞く。ピアー・シェイミング（仲間うちでの恥）は，社会的主体としての自己意識，恥や自己批判に対する脆弱性にも大きな影響を与える（Gibb et al., 2004）。

恥の記憶

　恥の記憶はトラウマの記憶と同じように作用する。つまり，侵入性，過覚醒，そして，恥を感じないようにする努力を伴う，といったエビデンスが集まっている（Matos & Pinto-Gouveia, in press）。そしてもちろん，恥は，自分自身の感覚や，誰とどのように関わっているか，ということに大きな影響を与える（Gilbert, 2007c）。恥とトラウマの**記憶**の複雑さについて考えるために，事例を見てみよう。

事例紹介

　　サラは貧しい家庭の出身で，母親は何人ものパートナーを持ち，アルコール依存症に苦しんでいた。彼女の母親は予測不可能な人で，しばしば言葉や行動が攻撃的だった。そのため，サラには**多くの**トラウマの記憶があり，そのひとつは7，8歳の頃のものだった。彼女は家の廊下で友達と楽しく遊び，「くすくす」と音を立てていた。母親は酔っぱらっていて，寝ていた部屋から飛び出し，サラの頭を殴り，サラは鼻血を出し，唇を切った。そして母親はサラに向かって「バカな遊びで母親を起こした，お前は悪いワガママ娘だ」と叫んだ。友達は驚いてすぐにその場を離れ，サラは完全に一人になり，脅威と恐怖と悲しみ，そして殴られた痛みに打ちのめされた。サラは「しゃがみこんで震えていた」と回想している。

この経験による条件付けの意味するところは明らかだ。トムキンス（Tomkins, 1987）は，恥の記憶は，**心の中の情景**であり**感情的条件付け**の源である身体ベースの感情や出来事が相互にリンクしていることを指摘している。この複雑さを理解して取り組むことが大切である。

　サラの場合，感情的な記憶は以下のようになる。

（１）楽しかったという内なる手がかり（内なるポジティブな感情）
（２）激しく荒れ狂う（外的）攻撃と関連する
（３）自己を定義する言葉のレッテル（まぬけ，わがまま）と関連する
（４）友人が逃げ出し，完全に一人になることと関連する
（５）殴られることの痛みやショックと関連する
（６）（服従的，恐怖，うずくまる，震えるといった身体のパターンを自動的に作る）自分の防衛システムと関連する。

　攻撃された後，サラは一人になるために自分の部屋に行かされる。子どもが慰めとケアを必要とするまさにそのとき（とても苦しく怯えているとき），サラは孤独にさせられたのだ。**条件付けされた感情記憶**を考慮に入れれば，サラが苦しくなると**孤独感**にさいなまれる理由が理解できる。また，いくら内的な手がかりが警告をしていても，母親から離れ，別の場所で生活することはできないので，**罠にはまった感覚**もある。CFTではこういった感情記憶の複雑性を理解する。

　これらの相互関連したプロセスを図6に表した。

　この図は，他者の感情，自己の中に生じる言語的なラベルや恐怖，そして，これらのケースに起きる，抜け出せず，**孤独**な経験などに気づけるように，クライエントとの間で使うことができる。誰も虐待からクライエントを救おうとしなかっただけではなく，彼らは外から何のなぐさめを受けることもなく，一人残された。

　余談だが，私は奥地のアフリカで育ったが，このようなことは起きなかった。親が子どもを怒ったり，殴ったりしたら，子どもはおばあちゃんや叔母さんのところに逃げ込むので，一人にされることはない！（Hrdy, 2009も参照）。また，サラが**自分のある感情**（たとえば，楽しさ）により注意を払う

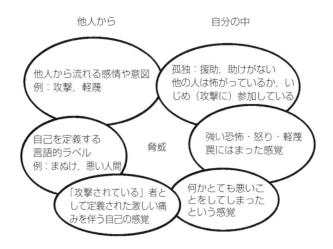

他人から　　　　　　　　自分の中

他人から流れる感情や意図
例：攻撃，軽蔑

孤独：援助，助けがない
他の人は怖がっているか，い
じめ（攻撃に）参加している

自己を定義する
言語的ラベル
例：まぬけ，悪い人間

脅威

強い恐怖・怒り・軽蔑
罠にはまった感覚

「攻撃されている」者と
して定義された激しい痛
みを伴う自己の感覚

何かとても悪いこ
とをしてしまった
という感覚

図6　恥のトラウマにおける脅威の「意味」の関連図

ようになり，それが自動的に罰の恐怖や何か悪いことをしているのではない
かという感覚，恐ろしい世界で一人でいるという感覚を引き起こし，結果，
縮こまって隠れたくなることも，理解できる。CFT では，ここに古典的条
件付けがあると考える。

　CFT では孤独の経験，つまり，自分の労りの源から切り離された経験は，
セラピーの中心となる。なだめ以外の感情システムについて考えることもで
きる。脅威システムについて考えるのであれば，母親に対する怒り，母親を
見捨てたい，閉じ込めたいという願望，また，裏切りの感覚などである
(Gilbert & Irons, 2005)。実際，母親が警察に逮捕されることを望んでいた
が，母親は時に愛情深いこともあり，こうした感情を認めることに非常に恐
怖を感じていた。そのため，サラにとって母親は恐怖の対象であり，かつ，
求める対象でもあり（これは愛着システムを破壊する），自分を脅かす人か
らいやされたいと思う状況に陥っていた。このような問題や，また無秩序型
アタッチメントとメンタライジングの困難さとの関係性については過去に研
究されている (Liotti & Prunetti, 2010)。

　CFT では，元型で扱う「親・母」への悲嘆について取り組むこともある。
これは，認知行動療法ではあまり考慮されないが，（ときに空想のために悲

しんでいると考えることもできるが，そうであったとしても）非常に重要である（Gilbert & Irons, 2005）。実際，悲嘆に暮れ，そこで生じる複雑な感情を克服する能力は，メンタライジングの発達を促進するかもしれない。

　したがって，信念（劣等感，脆弱性，欠陥）または自動的な思考のレベルでこれに取り組むのではなく，脅威システムで符号化されたこれらの経験を**一つずつ拾い上げ，**それらの**核となる構成要素**に分解する。そして，他者への恐怖，内なる恐怖の喚起，孤独感，そして，経験に付随する言葉のレッテル（例「バカにされる」）について考えることができる。記憶における異なる構成要素（あなたの核となる信念をあおるようなもの）を明らかにすると，次のことができる。①サラの脳が（自己防衛のために）自動的に，どう防御策を作ったのかを探り，②**それぞれの側面**に対して，コンパッションに基づく介入を行う。

恥がもたらすさまざまな影響

　恥は自分の身体，感情，空想，欲望，過去の行動，性格など自己のさまざまな側面に焦点を当てている。また，恥は以下において，大きな役割を果たす。

（1）感情的苦痛に対する脆弱性の獲得。
（2）自己認識の発達。
（3）対処行動と安全方略。
（4）他者への開放性の欠如，他人と同一化できない，助けを求める（例，セラピーに来る）ことを避ける。
（5）セッション中の感情やプロセスへの対処（例：セッション中ある感情に圧倒される，自制心を失う，辛い経験を打ち明ける）。また，そこでセラピーを中断するかどうか。
（6）セラピー全体を通しての反応。たとえば，変化しようとしているときに家族で何らかの辱めが生じて生じるなど。
（7）何を打ち明け，何を隠しているのか。

複雑なケースを扱う人は，このような恥の持つ複雑さを理解できると思う。そして，さらなる複雑性をもたらすのが自己批判である。

第**11**章

自己批判

　自己批判は恥の中によく現れる。自己批判はさまざまな心の悩みと関連していて，妄想や幻覚の症状がある精神病においては約7割の声が批判的である（Gilbert & Irons, 2005）。自己批判にはさまざまな起源と機能がある。図7は，自己批判とセラピストが探求できる領域を示した簡単なモデルである。探求するには「あなたが初めて自己批判していると気づいたのはいつですか。そのとき，何が起きていたのですか。どのようなフラストレーションや失望，希望や夢の喪失があったのですか。なぜ，その希望や夢があなたにとって重要だったのですか」などを聴く必要がある。つまり，自己批判が始まった頃に存在した脅威を調べるのである。

　自己批判は通常，最初の脅威と関連する状況にいるときに発動することが

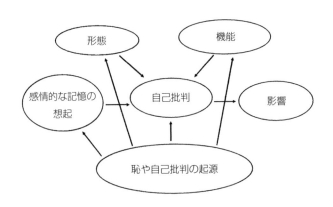

図7　自己批判：自己批判的な心は，脅威に目を向ける心でもある

一般的だ。たとえば，ジョンの教師が，ジョンの英語力の低さを軽蔑し，その理由がジョンが怠け者であり，彼は人生において相当な努力をしない限り苦労すると言ったとする。このような非難に，ジョンは「ひどい心の痛み」を感じる。そのような恥から逃れるために，ジョンはより一層努力をする。数年後，彼は自分が「やる気」であることを証明するため，そして孤独で気分が落ち込んだり「ダメ人間」だと感じることを避けるために，仕事中毒のような状態になってしまった。報告書を書かなければならないとき，人にちょっとでも批判されると，怒りや自己批判，孤独感といった恥の記憶がよみがえるのである（恥は通常，孤独感とともにやってくることを思い出してほしい）。そして，彼は自己批判をさらに強くするのである。これはある意味，過去のあの教師の声をまた聞いてしまったということであると同時に，「俺はなんてことをしてしまったんだ」というパニックに陥っていることとも関係する。だから，幼いときの脅威，自己批判の起源や記憶，そして，それらを思い出させるものがどう結びついているかを考えることは有効である。また，ジョンは自分が頑張り続けるために，自己批判を続ける必要があると考えていた。

　私たちの研究で，自己批判にはさまざまな形態と機能があることを発見した（Gilbert et al., 2004a）。どのような形態かに注意を向けることは重要である。ウェルトンとグリーンバーグは（Whelton & Greenberg, 2005）自己批判の原因について考える際に大事なのは，自己批判の内容ではなく，そこに伴う怒りと軽蔑の感情であることを示した。自己批判のひとつの形態は，不十分であると感じることに焦点を当てる。この不十分さの自己批判は，通常，失望感と劣等感に関連する。しかし，自己への憎悪と関連する別の形態の自己批判もある。形態によって自己批判は随分と異なり，セラピーではこれらを区別する必要がある。自己嫌悪は精神病を患わない人たちの中では頻出しないが，患う人たちの間ではよくあることである。自己嫌悪は過去の虐待と関連していると思われるが，はっきりとしたエビデンスはまだ出ていない（Andrews, 1998を参照）。

　自己嫌悪は，自分の身体など自己の一部に向けられることがある（「自分の太った体型が嫌い」「自分の中のこの感情が嫌い」など）。だから，自己批判を探るときに「あなたの批判的な部分は，通常どのようにあなたについて

感じていますか。どのような感情を抱きますか」とたずねることができる。現在使われている自己批判に関する心理尺度では，これらの問いかけをせずに，社会比較や低い自尊心に焦点を当てていると言わざるを得ない。自己批判は，自分の中の批判的なコメントや対話，感情という観点から考える必要がある。

　人は自分の持っているものを嫌うことはあっても，（たとえば，自分の容姿，生まれつきのアザや醜さ，才能のなさについて）必ずしも自分を責めたり，責任を感じたりする必要はない。したがって，物事の因果関係と，それを非難したり嫌うことは区別する必要がある。また，人は自分の持っているものを嫌っているとき，他人もうらやむことも覚えておくべきである（Gilbert, 1992, pp.246-252）。

　自己批判を想像してもらうこともときには有用である。「もし，あなたの自己批判の考えを頭から取り出して見ることができるとしたら，それはどのように見えるでしょうか（例：人間でしょうか そうでないでしょうか）。（顔があるとしたら）どんな表情をしていますか。あなたに対してどんな感情を抱いていますか。あなたの自己批判は何を最も怖がっていますか」などと尋ねてみる。自己批判を理解するためには，批判する部分を椅子に座らせ，その思考や感情を探るとよいだろう。次に，その椅子の向かい側にその人を座らせ，批判部分とやり取りをする方法を探ってみる。このゲシュタルト療法に基づく介入は，レスリー・グリーンバーグによってさらに発展した（例：Whelton & Greenberg, 2005を参照）。自己批判的な思考に働きかけるときは，まずコンパッションのある自己を育て，それからその部分にコンパッションを教える（本書第22章を参照）。大事なのは思考だけでなく，自己批判の物語，意味，感情に関与することである。たとえば，自己批判する自分自身について，怒って高圧的な人だと想像しているとする。そして，その怒りと高圧的な部分が作動した際に，もし，あなたにより合理的な代替的な思考があればどうだろうかと質問することができる。クライエントはそのようなことはありえないと答えることが多い。これは認知的な介入が行き詰まる理由に繋がるものである。だから，自己批判をする自分自身に対応できるように，自己の内部を十分に強く，コンパッションで満たされるように整えておく必要がある（本書第21章を参照）。

機能分析

　自己批判についてその機能を分析することは重要である。ときに，特に機能がなく，単に怒っているようなときもある（たとえば，球技でボールを落としたとか，やらなければならないことを忘れてしまうとか）。しかし，「自己批判を手放す際に，何があなたの最大の恐怖でしょうか？」と尋ねることによって，自己批判の機能を知るヒントとなる。よくある理由として，傲慢にならないように，または，怠惰や自己コントロールができなくなる，などがある。すなわち，誤りに注意を向け，将来的に誤りを犯さないように気を抜かないようにするなど，自己批判にはさまざまな**機能**がある。自己批判は，警告として機能することもある（例：体重を減らさなければ，誰もあなたのことを好きになってくれない）。それゆえ，私たちはコンパッションが自己修正や改善のための（異なる感情システムに根差した）異なる方法を提供することを教えている（本書第13章を参照）。

　ドイツの哲学者フリードリヒ・ニーチェは，「復讐をひそかに願わずに自分を責める人はいない」と言い，フロイトはこの言葉を独自のうつ病の理論に用いて，自分に対する怒りは，実は自分が依存している他者に対する怒りが内面化されたものだと考えた（Ellenberger, 1970）。怒りを経験しながらも，それを恐れ，怒りを抑制している人はいる（Gilbert et al., 2004b）。だから，深刻な自己批判や自己嫌悪が，処理されずに恐れている他者への敵対感情と結びついているかどうか，この可能性を探ることは価値がある。誰かが「私は怒る人間ではない」と言った途端，私は疑心暗鬼になる。そのとおりの場合もあるが，一般的にはこれは未処理であり，恐怖を伴う感情があることのヒントである。一般的に，人は自分を「思いやりのある良い人」だと思いたがるが，怒りはそれに反するとしばしば考えられる。私たちは皆，怒りの能力を持っているが，それをどう認識し，どう扱うかが問題なのである。私は，慢性的なうつ病の人が，怒りを恥じたり恐れたりすることなく，自分の怒りと向き合い，それを認めるようになることで，うつから回復するのを何度も見てきた。もし怒りが恐ろしいもの，恥ずべきものとして経験され，持ってもよい感情の一部として認められなければ，人は怒りに対して，恥じ

たり怯えたりしたままになってしまう。

安全方略としてのセルフ・モニタリングと自己批判

CFT は，自己批判を安全方略の観点から捉えており，その形態や機能は複雑で，探求が必要だと考える。そのひとつが権力者である。何度も述べてきたように（たとえば，Gilbert, 2007a, 2009a; Gilbert & Irons, 2005），信仰心の篤い人々は，挫折や不幸があると，神よりもむしろ自分自身を責めるようになる。「大地の神であるあなたが飢饉を起こそうと思うほど，あなたを怒らせるようなことを私たちがしたでしょうか？」歴史は，自己卑下，そして強力な神々に怯え，なだめすかして生贄を捧げようとする努力で満ちている。実際，罪という概念自体が非難するプロセスである。

フロイトが触れた自己批判と強力な他者との関連は，特に虐待やトラウマの文脈で生じる自己批判の場合に当てはまる。なぜなら，トラウマは，強力な他者によって引き起こされた場合，自動的に被害者をセルフ・モニタリングや自己規制へと向かわせるからである。そこで，自己防衛システムの反応と防御，そしてそれがどのように自己批判と絡んでくるのかを探ってみることもできる。子どもの最重要の課題は，安全を確保し，トラブルに巻き込まれないようにすることである。親やいじめっ子の行動が予測不可能なとき，それは眠っている虎に忍び寄るようなものである。もし小枝を踏んでしまって音を立てたりしたら，自分に腹を立てるかもしれない。だから，自分の行動に気を配り，（虎である）いじめっ子を怒らせないように細心の注意を払って自己監視をしなければならないのである。このように，セルフ・モニタリングと自己非難のシステムは，回避的な結果と結びついているのである。**自分自身の行動が唯一可能なコントロール／保護の源であるため**（いじめっ子を変えることはできない），いじめっ子の攻撃／拒絶を誘発する（と思われる）ことをすると，必然的に自己非難が起こる。

CFT では，こうした**古典的な条件付け**のモデルや，セルフモニタリング，自己批判の機能的な価値について，クライエントに時間をかけて説明する。安全方略と結びついた自己批判を理解するための枠組みがあればあるほど，クライエントはより内省することができ，これらの記憶と関わり，セルフコ

ンパッションを育むのに協力的になれる。さらに，論理的に（つまり大脳皮質で）そうでないとわかっていても，（扁桃体で）非難していると「感じる」といった現象が起きる理由を理解することができる。思考と感情では二つの異なるシステムの間にミスマッチがある。扁桃体は論理にあまり耳を傾けない。扁桃体と脅威システムはあなたの安全を守ることだけを考えているので，そのために自己監視と自己非難をするのである。だから，あなたの感情は安全戦略に関するものであって，実際のあなたという人間に関するものではない。

　このような記憶に働きかけるには，「賢く，やさしく，親のように」なれるコンパッションのある自己を開発することに取り組む必要がある（本書第21章を参照）。クライエントが自分の中にあるこうした部分が開発されたと感じたら，その記憶に再度取り組むことができる（たとえばサラの場合，本書77-81頁を参照）。これには実際に，しゃがんで子どもの自分になる感じを強化させて，そこから徐々に立ち上がって大人の自分を感じるなどをして，「当時と今」の違いを体感する必要があるかもしれない。記憶の書き直し，「母親」に対して自己主張を練習するイメージワーク，エンプティチェア，手紙での感情表現（実際には送らなくてもよい），「怒りに対する恐れ」への鈍感性を高めるための練習などもするかもしれない。つまり，従順と恐怖に基づく戦略から離れて，より支配的な自己防衛に関する戦略を取るのである。母親へのコンパッションや許しは，その後に取り組む。

　また，クライエントが話したいこと，取り組みたいことが何であるかについてクライエントと話し合うことも有効だ。たとえば，無力感に取り組むために，アサーティブに関する体を使ったワークのセッションが良いかもしれない。あるいは，孤独感を感じているので，セラピー中にセラピストの存在を感じることに集中するセッションが有効かもしれない。あるいは，閉塞感または裏切りの感覚を感じているので，自己表現を意識して部屋を出る練習をすると良いかもしれない。つまり，重要な問題は分解して個別に取り組む必要があるということだ。他のセラピーと同様に，さまざまなイメージの再構成が役に立つ（Lee, 2005; Wheatley et al., 2007）。

　クライエントは，何が役に立ち，いやしをもたらすか，また，何がそうでないかをセラピストと協力して理解する。クライエントが三つの輪のモデル

を理解し，ヨガや理学療法と同様にセラピストと一緒になって，いやしシステムを活性化させるためにさまざまなことを試すのである。コンパッションを生み出すことがセラピーの明確な目標であり，クライエントもそれを理解している。もちろんそれらをクライエントが大丈夫だと思う強度で行っていく。

　トラウマや高ストレスのもう一つの主要素は，それらが相反する防衛行動に繋がるということだ。たとえば，恥を感じる出来事に対して，人は怒り，逃げ出したい気持ち，そして悲しみを同時に感じるかもしれない。同じ出来事に対して複数の感情や防衛行動が喚起されるため，感情の制御が乱れる人もいる。たとえば，サラ（本書77-81頁を参照）は，自分自身に対する怒りが強く，その怒りをコントロールしようと自傷行為に走ることがあった。彼女はよく意欲の喪失に悩まされた。自己をいやし，他者と繋がるという感覚は，ほとんどなかった。ときに彼女は，強い怒りに襲われ，セラピーの椅子に座りながらほとんど話すことができず，部屋があたかも怒りの火山のように感じられた。しかし，彼女の心の中では，「いっそのこと死んでしまおうか，私はここで何をしているんだ」と，ただただ逃げ惑うばかりだった。CFT のフレームワークで考えると，彼女の脅威システムは，強い怒りから逃亡へと移行したのだ（Gilbert, 2007a; Gilbert et al., 2004b）。扁桃体は相反する防衛システムをいくつも作ることができる：怒りの攻撃 vs. 恐怖の逃避など。また大事なことは，一つの防衛システムを作動させると，他の防衛システムは抑制されることである（防衛方略が競合したときの動物モデルについては Dixon, 1998を参照）。

第12章 恥，罪悪感，屈辱感を区別する ——責任 vs. 自己批判

　自己意識的な感情の種類を明確に分別することは重要である（Tracy et al., 2007）。特に重要なのは，恥，罪悪感，屈辱感の三つである。恥と屈辱感は，自己と自己防衛に大きく関係する一方（図5，本書73頁），罪悪感は自分の行動，他者への危害の認識，危害を修復したいという欲求に関係する（Gilbert, 2007c, 2009a, 2009b; Tangney & Dearing, 2002）。大まかな目安として，恥，屈辱，罪悪感は，それぞれ注意の向け方，考え方，行動が異なることを念頭に置くとよい（表1）。

　一般的に恥知らずであることは好ましいことではない一方で，研究結果が示すところによると，恥をかくことは望ましくなく，恥や屈辱感の感情（何らかの形で攻撃されたり，弱さを感じたりすること）は，しばしば破壊的で防衛的な行動につながる可能性がある（Tangney & Dearing, 2002）。これに

表1　恥，罪悪感，屈辱感を区別するヒント

内的な恥	屈辱感	罪悪感
自己と自己の評価へのダメージに向けられる内的な注意	他人による自己への脅威やダメージに対する外的な注意	他人への共感から，痛みに対する外的な注意
不安，まひ，気落ち，混乱，虚無感，自己への怒りといった感情	怒り，不平，復讐といった感情	悲しみ，良心の呵責といった感情
自分の全人格に対するネガティブな思考	他人のネガティブな行動や判断に対する不公平さに関するネガティブな思考	「他人への痛み」，共感，同情に関する思考
服従的ななだめ，また好かれたいという思い，または，他人を避け，否定したり，自己を傷つけることなどに焦点を当てた行動	復讐や他人を黙らせることに焦点を当てた行動：他人を支配するような力，屈辱の仕返し	他人のために痛みの修復，心からの謝罪，その他修正をしようとする行動

対して，罪悪感は，償いをする責任など，行動上の責任を感じる感情である。妻に不倫がバレた2人の男性を考えてみよう。恥に焦点を当てた反応は，その男性がいかに悪いか，そして，他の人は彼に敵意を抱くだろうと考え，他の人が再び自分を好きになるようにはどう償えばよいかを考えるだろう。恥とは，（悪い）自分に焦点を当てたものである。屈辱的な反応は，怒りの感情で，（たとえば）不倫する必要があるほど魅力的でなかったと妻を責めたり，自分の秘密を暴露した人に怒ったりするであろう。他の反応として，否定や「大したことではない」と考える過小評価などがあるかもしれない。しかし，罪悪感のある反応とは，裏切りや被害を認識し，妻に与えた動揺を心から心配し，妻の気分を良くして被害を修復したいと心から願うことだろう。

　人が他人に不親切なことや有害なことをした場合，恥（悪い私）ベースの体験を罪悪感（害の認識）ベースの体験に変えることが重要な場合がある。そうすることで，他人を傷つけることをしたときに，自己への攻撃をせずに，嫌悪的な感情に耐えることができるのである。自分が他人にもたらした害を処理できるようになるには，まず自分にされた害を処理しなければならないこともある。

　また，強迫性障害（OCD）や過剰な思いやりに見られるような，過剰な責任感と関連する障害もある（Wroe & Salkovskis, 2000）。しかし，OCDの人がどの程度，相手に対する配慮から**悪いなと感じている**のか，それとも「悪い自己」が嫌なのかは不明である。しかしながら，パニック発作とあまり変わらない「罪悪感発作」を経験する人がいるのは事実だ。

　つまり，経験則として，人々がどこに注意を向けているか，思考や反芻の中で何に焦点を当てているか，そして何をしたいかを考えてみるとよい。これらは**相互に排他的なものではなく**，セラピーや一般的な場面で，それぞれがさまざまに混ざり合うことがあることを心に留めておいてほしい。

　そして，罪悪感を理解することを学び，有害な行為を自己に焦点が当たった「恥」という感情に変えないこと，そして，誰かが恥を刺激したときに怒らないことが重要である。罪悪感は，恥とは違い，人間関係を築くのに役立つことがある（Baumeister et al., 1994）。罪悪感とは，私たちが考え，許容しなければならないものである。悲しみや不安，怒りに耐えることについては

多くの議論があるが，罪悪感に耐えることや適切な行動を学ぶことについては，ほとんど研究されていない。罪悪感は正常で自然なものであり，予想できる。なぜなら，誰も傷つけず，損害を与えず，不親切なことをしないまま人生を過ごすことはできないからである。

第13章 コンパッションのある自己修正と恥からくる自己攻撃の区別

　自己に対する恥と自己批判（および恥と罪悪感）に取り組むとき，自己修正の基盤となる二つの感情システムを区別することは有効である。たとえば，あなたが誰かに完全に自己批判しないように頼むと，その人は傲慢，怠惰になったり，コントロールを失うかもしれないと心配する。しかし，自分に対して批判的な部分があなたを見ているところを想像して，どのような感情があなたに向けられているかを考えると，大抵の場合，欲求不満，怒り，軽蔑や失望といったものが挙がるだろう。**これらはすべて，脅威システムの感情である**。つまり，このタイプの自己批判は，脅威システムを刺激し，私たちのウェルビーイングに焦点を当てたものではない。

　大事なことは，自己修正へと方向付けるための別のシステムと連携させることである。これは，たとえば，セラピストならクライエントを上手に治療し，クライエントが改善するのを見たいなどと，**私たちが本当に良い仕事をしたいと思っている**ことに気づいたときに起こる。つまり，こうした動機づけシステムを刺激することを学ぶと，最善を尽くすように積極的に動機づけられているのである。CFT は認知心理学やポジティブ心理学の原理のように，私たちの強みに焦点を当てることを基本とする。このアプローチは，認知行動心理療法においてますます重要性を増している（Synder & Ingram, 2006）。この精神に基づき，CFT では三つの輪のモデルを使って，コンパッションのある自己改善と恥や恐怖に基づく自己批判との違いを対比させる（表2）。

　繰り返すが，これはかなり単純なことだ。学校で子どもが2人の先生のうち1人とうまくいっていないことを想像してみてほしい。1人目は，子どもができないことを見つけることに焦点が当たっていて，子どもに対してかなり批判的で，イライラもしている。この先生は，ある程度の恐怖心がなけれ

表2　コンパッションのある自己修正と恥からくる自己攻撃の区別

コンパッションのある自己修正	恥からくる自己攻撃
• 改善したいという欲求に焦点	• 咎めたり罰したいという欲求に焦点
• 成長，強化に焦点	• 過去の過ちを責めることに焦点
• 前向き，将来を見ている	• しばしば後ろ向き
• 励まし，支持，親切さと共にもたらされる	• 怒り，イライラ，軽蔑，落胆と共にもたらされる
• ポジティブなことが基本となる（例：うまくできたこと，何を学んだか）	• 欠陥や誰かにばれてしまわないかという恐怖に焦点
• 自己の具体的な特性に焦点	• 自己の一般化された感覚に焦点
• 成功を希望し，成功に焦点	• 失敗への恐怖に焦点
• より関わるようになる	• より避けるようになる

失敗に対して	失敗に対して
• 罪悪感，関わり	• 恥，回避，恐怖
• 悲しみ	• 落胆，気分の低下
• 償い	• 攻撃
• 例として，困っている子どもを助けようとする支持的な先生	• 例として，困っている子どもを批判する先生

Gibert, P. (2009a) *The Compassionate Mind*. London: Constable & Robinson and Oaklands, CA: New Harbinger. を基に作成。

ば，子どもたちは怠けてしまうと考えている。それに対して，2人目の先生は，子どものウェルビーイングを考え，コンパッションをもって子どもに接し，**子どもが間違いを受け入れ，そこから学ぶように促す**。あなたは，どちらの先生に子どもを教えてもらいたいだろうか。ジョン・ホルト（Holt, 1990）は，彼の情熱的な著書 *How Children Fail* の中で，西洋の教育の多くは，子どもに間違いを犯すことを恐れるように教えている，と論じている。こう考えると，セラピストは社会的な流れに逆らおうと尽力しているのかもしれない。

　自己批判を認識するもう一つの方法は，自己批判の起源を探ることである（人それぞれ自己批判のイメージとなるものがあるので，それを引き出すこともできる）。一般的に，それは親や教師の声であり，あなたは，「彼らは，**あなたのウェルビーイング（健康や幸福）を純粋に思って**，あなたを批判したのですか」「批判されたときに，あなたのことを思ってくれていると感じ

ましたか」「あなたの自己批判的な部分は，あなたのことを思ってくれていますか。それとも怒って失望しているだけですか」などと尋ねることができる。また「もし，あなたがあなた自身のことを思っていたのであれば，**本当はどのように自分に接したいでしょうか**」「あなたが大切に思っている人がこの問題を抱えていたら，どうしますか」「あなたは子どもが悩んでいたら，どのように助けますか」などと聞くこともできる。これらの質問によってクライエントは，他人が同じような状況にいたら，彼らを同じように責めないと認識させることができる。そして，自己批判をしても何の助けにもならず，逆にコンパッションに基づく自己修正は助けになることも気づくことができる。もちろん，他人に対して批判的なことを考えることもあるだろうが，それを口には出さないであろう。それは有益ではなく，有害であるからだ。つまり，修正や間違いの認識が大事なのではなく，**改善するプロセスに持ち込む感情が大切なのである**。

自己批判への取り組み方

　自己批判は複雑なプロセスである。しばしば自己同一性や安全行動／方略と関連しているため，私たちはそれを正面から分析しようとはしない。むしろ，クライエントには「自己批判が役に立つのなら，自由に自己批判を続けてください。ですが，私たちはあなたに，コンパッションに基づく自己修正を含めて，ご自身について考え，手当てする新しい方法をお教えします。実践するなかで，そちらのほうが有効だと感じるかもしれません」と伝えるようにしている。自己批判に対して，反証を見つけようとするだけでは，（特に自己批判と恥が強いクライエントに対しては）めったにうまくいかない。クライエントが新しい方略を手に入れ「安全方略を変えたり取り除くこと」へ脅威を感じなくなったら自信を持ってトライできるようになる。

第**14**章

脅威と達成の代償

　「恥」は通常，自己批判，回避，ふさぎ込み，隠蔽などといった，あまり役立たない「安全方略」をもたらすが，達成を求めるという形で，意欲行動を活性化することも可能である。これは論理行動療法（REBT; Dryden, 2009）で「しなければならない」という思い込みを変化させようとすることと関連する。アルフレッド・アドラー（Adler, A.）（1870-1937）は，劣等感を抱く人（劣等コンプレックス）は，**それを補い**，他者に自分を証明しようと努力すると主張した。この見解は，現在ほとんどの心理療法で受け入れられている。CFT もそうで，つまり，CFT は補償と達成に関するとも捉えられる。かなり前にマクレランドら（McClelland et al., 1953）は，モチベーションの理論において，「価値達成者」と「欲求達成者」の区別をした。価値達成者は，快楽を求めたり，自分を伸ばすために目標を設定するのに対し，欲求達成者は，他人に感銘を与えようとするために目標設定する。これは他の研究でも取り上げられている。たとえば，ダイクマン（Dykman, 1998）は，達成の背後に二つの主要な動機があることを示唆し，「成長追求」と「ヴァリデーション追求」と呼んだ。成長追求型は，挑戦することを楽しみ，挑戦・失敗を通じて学習し，成熟していく。しかし，ヴァリデーションを求める人は，自分が他者から好かれ，受け入れられる存在であることを証明しなければならないというプレッシャーを常に感じている。また，ダイクマンはヴァリデーションの追求は，批判的で完璧主義的な子育てのなかで発達する防衛的な対処方略であると示唆した。ダンクレーら（Dunkley et al., 2006）は，完璧主義のさまざまな側面を検討し，二つの基本的な要因を挙げた。一つは，個人的な基準を設定し努力することであり，もう一つは他者からの批判や拒絶を避けようと努力することで，これを「評価への懸念」と名づけた。ダンクレーら（Dunkley et al., 2006）は，さまざまな精神病理学的指標と

関連するのは，この「評価への懸念」であることを発見した。また，劣等感を回避するための**不安定な努力**（優越感を求めるのとは異なる）は，**安定した非努力**とは異なることが，我々の研究で明らかになった（Gilbert et al., 2007）。不安から努力をする人は，拒絶，排除，恥などの**社会的結果**を回避するためのものであり，安定した非努力者は，成功しても失敗しても，自分は受け入れられていると考える。

ゴスとギルバート（Goss & Glbert, 2002）は，これが特に摂食障害の人々に当てはまると考えた。拒食症の人は，食べることへの衝動や体重をコントロールすることに誇りを感じる。食べることへの衝動や体重のコントロールを失うと，高い脅威と警戒心が活性化される。このような人は，脅威システムを制御するために動因システムを使用しているのである。図8は，摂食障害の問題を描くためにケン・ゴスと私が開発したもので，この過程を単純化して示している。

満足システムといやしシステムをつなぐ矢印は，このような場合，実際にどのように作用するのか分からないので省いてもよい。このモデルは，脅威を感じないようにするため，あるいは繋がりを感じるために競争や努力をするようになった，さまざまな人に当てはまる。これは，西洋社会で増加している問題であり（Gilbert, 2009a; Pani, 2000），思春期のうつ，不安，薬物摂取，自傷行為などの問題が増加している理由の一つかもしれない（Twenge et al., 2010）。このような青年たちと話をすると，（特に大人社会から）切り

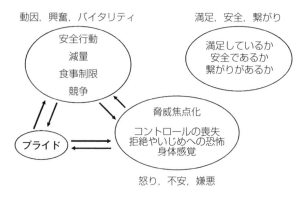

図8　感情制御システムの種類（2009年に Ken Goss と共に開発）

離されているという感覚，劣等感，孤独感，そして他人から良く思われなければならないと苦闘していることが伝わってきて悲しく思う。この20年間，学校，企業，政府は，競争力のある人だけが良い結果を出せるという信念を意図的に社会に植えつけてきた。問題は，それが私たちの脳に影響を与え（Pani, 2000），私たちのウェルビーイングにとって病的で役に立たないことが知られている「不平等」を作り，強化しているからである（Wilkinson & Pickett, 2009）。

　クライエントに三つの輪を描いて説明すると，何が起きているのか，なぜ起きているのかがわかる。しかしそこから，思いやりのあるいやしシステムを実際にアクティブにさせるかどうかは，また別の問題である。あるクライエントは，「2位は，最初の敗者だ」「2番目に来た人を覚えている人はいない」などと過去に言われた。だから，価値ベースの達成努力と脅威ベースの愛着努力とを区別することが有効なのである。後者は恥や社会的排除・拒絶の恐怖と強く結びついている。また，充足感や親和性に関連したポジティブな感情（本書第29章を参照）に対する恐怖もあり，努力は自己同一性の感覚に組み込まれることがある。したがって，行動実験，（達成とは関係のない）楽しいことの計画，遊び心，ポジティブ感情への脱感作などを積極的に利用し，人々が自分の努力についてさまざまな方法で考えることができるようにサポートできる。

　達成動機の研究で明らかにされたのは，人々が他者とのつながり，信頼，また，一緒にいて安心する能力に問題があると「自分の居場所を獲得しなければ」という欲求が生じるということである。そうなると，ポジティヴ感情や自己安全感を得るために，報酬を求めるドーパミンの感情システムに過度に依存することになる。実際，完璧主義者や努力家，あるいは，自分を誰かに証明する必要があると感じている人は，成功しても一時的な安堵感しか得られないことが多い。さらに，そうした人たちとセラピーをして感じるのは，彼らがしばしば「孤独」という感覚について語るということである。また，他者との親密さから，幸せや満足感を感じることに苦労することもある。これらの感情は，恥との関係で前述したように，セラピーの焦点となり，繋がりやいやしのシステムを活性化させる障害となる可能性があるため，探求することが重要である。

自己中心的な目標 vs. コンパッションのある目標

　クロッカーとカネベロ（Crocker & Canevello, 2008）は，2種類のセルフイメージの目標について調査した。一つは，利他的な目標，つまり他人を助けたいという懸念であり，幼い子どもにも観察されている（Warneken & Tomasello, 2009）。もう一つは，自己中心的な目標で，達成の欲求や他者に良い印象を与えたいというものである。これは，「価値を求める人」vs.「欲求を達成したい人」，「成長を求める人」vs.「評価を求める人」，「仲良くすること」vs.「出世すること」と類似している。しかし，重要なことは，コンパッションのある目標は，親密さ，つながり，ソーシャルサポートの感情と正の関係にあり，対立，孤独，感情を恐れ混乱することと負の関係にあるということだ。一方，自己中心的な目標では，この逆の関係が示された。リードとアクイノ（Reed & Aquino, 2003）は，思いやり，やさしさ，誠実さの属性を持つことは，彼らが「道徳的アイデンティティ」と呼ぶ一種のアイデンティティにとって重要になる可能性を示唆した。**親切で思いやりのある人になりたいと思う**（すなわち，自己と社会的役割の共創のために周りにケアを提供しようという意識を持つ）ことは，（特に外集団に対して）より思いやりのある行動と価値観に貢献する。つまり，自己のアイデンティティに対してイメージする目標（つまり，どのような自分になりたいか，なろうとするか，そして，どのような自分を練習するか）が，社会的行動とウェルビーイングに重要な影響を与えるのである。この研究は，セラピーにおいてコンパッションのある自己を育てようとするときに，心に留めておく必要がある（本書第21～29章を参照）。

実行と達成

　CFT を一つ，つまり，いやしのシステムだけに関わるものと見るのは誤りである。CFT の主な焦点は，**単にいやしのシステムを刺激するだけではなく，三つの感情システムのバランスをとること**である。ときには，**脅威ベース**の達成から，**価値観ベース**の達成へとシフトすることで，達成システ

ムや意欲システムに働きかけることも重要である。うつ病の行動活性化アプローチでは，「何かをすること」が非常に重要である（Gilbert, 2009b; Martell et al., 2001）。また，CFT は大志を抱くことの終わりを意味するわけでもない。ダライ・ラマは，コンパッションを広めようと世界中を旅したように，ACT（アクセプタンス＆コミットメント・セラピー）では，価値観と目標にコミットすることが，個人の成長と発達の鍵となると考える。

　コンパッションのある行動には，人々が人生を豊かにするために重要なものを提供することも含まれる。たとえば，クリスマスに自分の子どもに，友達と同じようにと，念願の自転車をプレゼントすることも，コンパッションの行動といえるだろう。もし私たちが自堕落な気持ちを持っているならば，人生を楽しみ，自分自身に何かを提供することを学ぶことは重要である。また，自分や他人の功績を喜ぶことを学ぶことも，感情のバランスをとるために重要である。しかし，他のセラピーと同様に，何かを持つことに喜びを感じることと，何かを持たなければならないと感じることは別のものである（Dryden, 2009）。

コンパッションの実践

第15章 いやしを理解する──感情制御システムのバランスの背景

　感情を和らげ，バランスをとることは，コンパッション（本書第16章を参照）と関連しており，複雑で多成分のプロセスとしてとらえる必要がある。ここではいくつかの重要な側面を紹介する。

（熟練した）愛情とやさしさ

　先述したように，心のいやしは，身体的な接触，やさしさ，温かさによって得ることができる。相手が自分のことを本当に心配してくれていると感じたり，思いやりを与えてくれていると感じることは，心をいやしてくれる。しかし，やさしさは，しばしば技術や能力といった資質で補われなければならない。医師が高い能力を持ち，知識が豊富で，賢明であるとわかっていれば，医師から安心感を得られる可能性が高くなる。また，相手が自分を理解してくれているとわかれば，より安心できる。このようにクライエントに対して，そうした説得力をもつことはセラピーにおいて重要である。

社会的参照

　子どもは，脅威的な刺激や目新しい刺激が近づくと不安を感じ，親がその刺激に対してどのような感情を抱いているかを参考にする事がある。親は興味を示してその刺激に近づいたり，あるいはその刺激と肯定的な関わりをするかもしれない。また，子どもがその刺激を求めるよう促すこともある。こうした場合，安心感はお手本，つまり，社会的参照から生じる。より複雑な例としては，ある人が自分の感情を社会的に参照できるようになり，他の人も自分と同じような感情を持っていて，それを心配したり恥じたりしていな

いことを発見した場合。これは，コンパッションを集団療法で実践する際によく起こる（Bates, 2005）。

社会的参照のより複雑な形態は，コンパッションの理論家であるネフ（Neff, 2003a）が「共通の人間性」と呼ぶものである。共通の人間性とは，空想，恐怖，心配，憂うつがあるからといって私たちが異常というわけでなく，他者も同じように経験する人間としてよくある条件の一部として，認識する事である。

他者の心の中で生きる

私たちが対人的な世界で安全だと感じる能力は，しばしば，他者が私たちのことをどう感じ，どう考えているかに由来する（Gilbert, 1992, Chapter 7, 2007a, Chapter 5 を参照）。私たちが他者と交流するとき，他者が私たちの外観や嗜好に好感を示すなら，私たちは安全を感じる。実際，人は自分に対する他人の感情を考えることに多くの時間を費やし，他人が何を考えているかを考えるための特別な認知システム（「心の理論（theory of mind）」と呼ばれる）を持ち，私たちの目標の多くは，他人から承認や尊敬を得ようとし，集団に受け入れられようとする要素を持っている。100年以上前，社会心理学者のチャールズ・クーリーは，これを「鏡に映った自己」（Cooley, 1902/1922）と呼んだ。フロイトとは異なり，クーリーは，社会集団や社会的関係が私たちの心を形成し，感情を制御する力に着目した。残念なことに，私たちの心の状態に対するこの社会的アプローチは，その後登場した，より個人主義的で医学的な療法の中で失われてしまった。クーリーの教えはもっと活かされるべきだ。

CFT では，（進化的理由から）他人の心，そして彼らに対する私たちの考えが，私たちの感情制御能力にとって非常に重要である（Gilbert, 2007c）。恋人や親しい友人，カウンセリングの仲間，クライエントや上司に，自分をどのように見てもらいたいかを考えてみると，自分を良く評価し，好ましい，役に立つ，才能がある，能力があると見てくれることなどが挙がるだろう。もし，あなたが他人の心の中にこのような感情を作り出すことができれば，次の三つのことが起こる。第一に，世界は**安全**であり，他人があなたを攻撃

したり拒絶したりしないことを知ることができる。第二に，お互いをサポートするような関係性を構築するための有意義な役割を一緒に作り出すことができる。第三に，他人が自分を大切に思い，気にかけてくれているというシグナルを受け取ることで，生理機能やいやしの感情システムに直接的な影響を与えることができる。多くのクライエントは，自分が他人の心の中でどのように生きているのか，他人から変わった人，弱者，不適格者，良くないと見られているのではないかと怯えていることがある。このような「自分の心の中にどのように存在しているか」という内的表現に働きかけることは，心をいやすものとして経験することができる。

話を聞いてもらうこと，理解してもらうこと

　人は，他人が自分のことを理解していない，あるいは自分の意見を真剣に聞こうとはしてくれないと思うと，脅威を感じ，防衛的になってしまうことがある。反対に，自分の意見が注意に値するもの，明瞭で**妥当なもの**，（そしてさらに重要なこととして）それを覆したり否定したりするものではない，と他者に思われると，気持ちが落ち着くことがある。このようなニーズは，物理的ないやしの行為よりも優先されることがある。たとえば，あるクライエントが動揺して涙ぐんでいる。それを抑えるために，彼女の夫が，彼女の体を摩り彼女をなぐさめようとした。しかし彼女がその腕を押しのけようとすると，夫は傷ついた。彼女からすると，夫は彼女の懸念に積極的に耳を傾け，理解しようとしたのではなく，「ほら，ほら」と言って彼女の気持ちをただ鎮めようとしているように感じた，とのこと。彼女にとって，**誰かが本当に話を聞いてくれて**，彼女の苦悩に寄り添い，その苦悩を認めてくれることが，心をいやしてくれるものだった。人は怒っているときに泣くことがあり，そうしたときに，慰めてもらうのではなく，話を聞いてもらいたいこともある。

共感的ヴァリデーション

　共感的ヴァリデーションは，他者や他者の心が私たちの心や考え，視点を

理解し，それを認めてくれるという経験のことである。セラピストは悲嘆に暮れている女性に対して，「ご主人を亡くされたことは，あなたにとって大変な経験だったでしょう。あなたの感情は理にかなっている，なぜなら……」と声をかけるかもしれない。共感的ヴァリデーションは，次のことを意味する。①相手が理解不能な存在ではないという基本的な人間心理と繋がることができるため，他者の視点を理解し，それと繋がること。②ヴァリデーションとは，相手の生きた経験を本物として認め，それが人生や生活の一部として理にかなっている（理解し得るものであること）を意味する。このように，共感的ヴァリデーションは，単なる反応（たとえば，「あなたはこのことについて悲しさや怒りを感じていますね」）ではなく，クライエントの反応を，理解でき得る妥当な経験として認めることである（たとえば，「XやYを考えると……あなたが〜と感じるのは理解できますね」）。しかし，繰り返すが，共感的ヴァリデーションは，私たちが他人の心の中にどのように存在するかという経験を通じて始まる。したがって，**非**ヴァリデーションとなると，「これは気がおかしい」「こんな風に感じるべきではない」「あなたは不合理だ」などである。多くの葛藤は，理解や配慮のための関心や努力の欠如によって，他者が自分を無能に思っていると感じたり，病気だと捉えて，自分を「変えさせよう」としているときに生じることがある。

多くの人は，理解しがたい複雑な感情を持ち，それを恐れている（Leahy, 2002, 2005）。彼らは，回避，否認，解離，あるいは別の感情に置き換えることで，そうした感情に対処することができる。社会的参照，話を聞いてもらうこと，共感的ヴァリデーションは，「他者の心の中で何が起こっているのか」という重要な問いかけに答え，自分自身の感情と折り合いをつけ，理解するのに役立つ。クライエントとセラピストは，この「基本的な感情の問題」に取り組み，感情的な記憶，満たされていないニーズ，感情に対する恐怖に気づき，対処できるようにする（Gilbert & Leahy, 2007を参照）。また，一つの体験の中に現れるさまざまな複雑な感情を引き出してリストアップすることも有効である。

論理的思考

　CBT（認知行動療法）は，論理的思考と「信念を試す」ことに重点を置いている。私たちが脅威を感じると，そこに注意が絞り込まれ，「後悔するよりも安全な方がいい」という思考に移行する（Gilbert, 1998）。私たちは，一歩下がって自分の考えを詳細に検討し，異なる視点に到達することができれば，気持ちが落ち着く。子どもの頃，私たちは他人（たとえば，親や教師）を観察し，彼らの説明，価値観，論理的思考のスタイルを学んだ。CBTセラピストは，恐怖に直面している人々の思考と論理的思考のプロセスを支援する。したがって，CBTにおいて，変化の度合いは，どれだけそのクライエントが自分の論理的思考をより深く見つめ（俯瞰して見るなど），**別の見方や行動を試す**ことができるようになるかにかかるとも言える。脅威を和らげたり，新しい方法で対処するためのプロセスは，自分をいやすことと関連する。したがって，論理的思考は明らかに有効であり，私たちが世界で**どれだけ安全を感じるか**に影響する。ただし，人は代替的な思考によって安心感を得る必要があり，このような感情が問題となるにはさまざまな理由があることは忘れないでほしい。

洞察力

　物事の仕組みやつながりが見えてくると，人は安心する。洞察は，一歩下がって思考を再集中させる能力と結びついている。なぜそのような過程が有用であるかの洞察がなければ，単にセラピストのアドバイスに従っただけとなる。洞察は感情や経験に根ざしたプロセスでもある。たとえば仏教では，長年の瞑想の修行によって，自己という幻想に対する**洞察**を（直接的経験として）得ることができ，それにより内的な平安とコンパッションを見出すことができる。

反芻

　反芻はメンタルヘルスに悪影響を与える（本書55-57頁を参照）。これは，CFT の用語で言うと，脅威の自己防衛システムを，過剰に活性化させ続けるからだと考えられる。したがって，注意を向け直すこと（マインドフルネスなど）が役に立つ。特に，コンパッションを用いた再焦点化は，脅威を中心とした反芻のサイクルから抜け出すのに有効である。

脱感作

　多くの行動的アプローチの鍵となるのは，暴露と脱感作に関連するものである。安全だと感じるためには，内的・外的な恐怖を新しい方法で経験できることが必要な場合がある。したがって，CFT では，恐怖を感じる感情や状況に**耐える**能力を身につけることが，いやしの鍵となると考える。しかし，そのような能力を身につけるためには，子どもが親を頼るように，クライエントもセラピストに「支えられている」ことを感じる必要があるかもしれない。他人を信頼できないことが，このような能力を身につけるプロセスに踏み込む抵抗となっているかもしれない。実際，行動療法を成功させるための重要な要素は，セラピストがさまざまな暴露を行う際に，クライエントの不安に働きかけ，制して抑えることができるかどうかである（Gilbert, 1989; Gilbert & Leahy, 2007）。もしこれがうまくいかなければ，クライエントはセラピーを中断するかもしれない。

　行動療法であまり明確にされていないのは，さまざまな**ポジティヴ感情**，特に愛情に対して，どれほど怯えているかを認識し，ポジティヴ感情を感じたり許容できるように人々を脱感作する必要性があるということである。長い間，ポジティヴ感情や出来事は，常にポジティヴに感じられると考えられてきたが，実際はそうではない（本書第29章を参照）。

勇気を養う

　CFT は勇気の育成に重きを置く。なぜなら，CFT ではしばしば，不快なことや恐ろしいことに直面するよう求めるからである。トラウマ的な記憶を持っている人は，その記憶と向き合い，再記述する方法を学ぶ必要がある。勇気は，サポートや**励まし**によって，育むことができる。コンパッションのある勇気は，困難な感情を受け入れ，それに対処するのに役立つ。つまり，ストレスに耐えることは，勇気を育むことなのである。実際，少なくともある程度の勇気がなければ，コンパッションを行動に移すことは非常に難しいかもしれない（Gilbert, 2009a）。

概要

　脅威のシステムを落ち着かせ，いやしを働かせるための手立ては他にもたくさんある（マインドフルネスなど）。ここから，動機づけと感情制御システムのバランスをとる方法として，コンパッションのある注意，コンパッションのある思考，コンパッションのある行動，コンパッションのある動機づけ，コンパッションのある感情の形態について見ていくことにする。セラピストの積極的な姿勢は，無関心でテクニック重視，あるいは過度にコントロールしようとするようなペルソナとは大きく異なり，重要な鍵となるものである。したがって，CFT は，単に人に対して「良い人」であることや「愛」と混同されるものではないのである（Gilbert & Leahy, 2007）。

コンパッションの性質

第**16**章

　コンパッションの心は，温かさやぬくもりなど，さまざまな特性と結びついている（本書第7章を参照）。また，この心の発達は，幼い頃の愛情体験と強く結びついている。(Gillath et al., 2005)。コンパッションはさまざまに定義することができる（本書第1章を参照）。ダライ・ラマはコンパッションとは，自己と他者の苦しみに対する感受性，そしてその他者の苦しみを救済することに深く関与することだと定義した。大乗仏教ではマインドフルネスが平静な心を作り出し，コンパッションが心を変革すると考える。それぞれ，鳥の両翼のように機能する。仏陀は，このコンパッションによる変革のプロセスを理解し，心をさまざまな方法で鍛える必要があると説いた。コンパッションと洞察に関して八正道があるとした。

- **正見**　真の苦しみの原因は，執着と渇望に関連するという理解。
- **正定**　マインドフルネスやコンパッション等への集中と関係。
- **正思惟**　コンパッションのある状態でいる動機と関係。
- **正語**　人間関係と関連し，傷つけるのではなくやさしい言葉を使う。
- **正業**　傷つけるのではなく，いやそうとする行動と関係。
- **正令**　職業の選択と自分の働き方と関係。
- **正精道**　努力または献心して実践することの欲求と関係。
- **正念**　「今」に対して，コンパッションを持って注意を払うこと。

脅威の心とコンパッションの心

　もし，脅威から身を守るためのシステムが働いていたら，どうなるか。私たちが「脅威心」を持つようになり，私たちにさまざまな影響を与える。た

とえば何に注意を払い，何について考え，そして，どのような行動を取るか
に影響するだろう。頭に浮かぶイメージや妄想，そして私たちの夢（白昼夢
も含む）もまた，脅威をテーマにしているであろう。つまり，私たちが「脅
威心」を持つとき，コンパッションの心とは大きく異なることが起きる（ク
ライエントの例について図9を参照）。

　これに対して，「コンパッションの心」を持つと心の仕組みに変化が生ま
れる。つまり，コンパッションのある注意，コンパッションのある思考，行
動，感情，動機，コンパッションのあるイメージと妄想。これらは脅威心と
は大きく異なる。クライエントにこれら二つの心の違いをこのようにシンプ
ルに理解してもらうことは非常に有効だ。セラピストとして大事な仕事の一
つは，彼らが脅威心に引きずられ脅威心で反芻していることを思い出させて
やることだ。つまり，（身体）感覚，思考，行動する動機といった領域にお
いて起こる，注意の焦点のシフトへ，どのように気づくのか，そして，意図
的にコンパッションの心へとシフトするよう教えるのである。もちろん
CBT，ACT，DBT などの手法はこのシフトに有効である。

　また，このような心の状態は，単に反応的なものではない。朝，目が覚め
たときに，軽い脅迫観念のような状態で，軽い不安やイライラ，疲労感，あ
るいは落胆を感じているときもある。このような脳の状態の違いは，明らか
に脳の異なるシステムと関係している。ストレスを感じていたり，挫折や損
失を経験している場合，心が脅威を感じる沸点は低くなり，ちょっとしたこ
とでもイライラしているのに気づく。こうしたことはストレスによる自然で

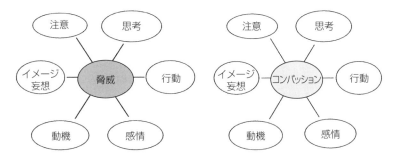

図9　脅威の心の様子とコンパッションの心の様子の比較　Gilbert, P. (2009b) *Overcoming Depression*, 3rd edn. London: Constable & Robinson and New York: Basic Books より許可を得て転載。

正常な結果であり，注意を払い，実践すべきはコンパッションであるとクライエントに説明することは有用である。

より複雑な視点

　CFT は，進化論的・神経科学的アプローチに基づいており，私たちのコンパッションの能力は，**利他主義と思いやり**の行動の能力から進化したものだと考えている（Gilbert, 1989, 2005a）。利他主義は，他人が自分の目標に到達するのを助け，苦しみを和らげたいという願望を可能にする。生後14〜18カ月の子どもは，報酬に関係なく，他者が目標を達成するのを助けることに生得的な関心を持っている（Warneken & Tomasello, 2009）。思いやりに関して，CFT は，フォーゲルら（Fogel et al., 1986）の愛情を込めた世話のモデルを参考にしている（Gilbert, 1989）。彼らは，「思いやりと愛情を込めた世話」の中核的要素を「対象者ができ得る変化と一致した，発達的変化を促進するための助言，保護，ケアの提供」（p.55）と定義している。また，愛情を込めた世話には，愛情を込めた世話の必要性の**認識**，その**動機づけ**，愛情を込めた世話の感情の**表現**，愛情を込めた世話に必要なものの**理解**，そして，愛情を込めた世話を他者への影響からの**フィードバック**にマッチさせることが必要であることを示唆している。そして，愛情を込めた世話は上手に行われる必要がある。ギルバート（Gilbert, 2000a）は，これらの側面は，外部の目標に向けたものであると同時に，自己主導的なものである可能性があると論じている。愛情を込めた世話はコンパッションの中核的側面であり，これらのコンピテンシーのいずれかに問題があると，治療的関係を含む人間関係におけるコンパッションに支障をきたす可能性がある。つまり，コンパッションは，さまざまな感情，思考，行動，すなわち，**自分が思いやりを向ける人の利益になるように**，愛情を込めた世話，気配り，保護，救助，助言，指導，いやし，受容と相互信頼の感情を提供することを意味する（Gilbert, 1989, 2007a, 2007b）。

　そのような介入には，いくつかの異なる**相互依存した**能力とコンピテンシーを必要とする。これらの相互依存関係を明らかにするために，**コンパッションの輪**と呼ばれる二つの影響し合う輪がある（Gilbert, 2005a, 2009a）。す

べての要素は基本的な温かさを伴う（冷たい無関心などではなく）。

内側の輪には**属性**（つまり思いやりの「何についてか」）が表され，外側の輪には**スキル**（つまり「どのようにするか」）が表される。したがって，何かに注意を思いやりを持って向けること，コンパッションのある思考と推論をすること，コンパッションのある感情を持つこと，コンパッションのある行動をすること，思いやりのあるイメージや想像を生み出すこと。これらによって，コンパッションの体感覚を作ることができる。属性とスキルが合わさって，コンパッションの心ができあがる。

コンパッションの心は，私たちが他人との関係において，自分の注意，思考，行動に焦点を当てることで，開発することができる。また，自分自身との関係においても，コンパッションのある心を育むことが重要である。コンパッションのために私たちの心を訓練することを，**コンパッション・マインド・トレーニング**（CMT）と呼ぶ。コンパッションの主要な側面と属性（内側の輪）およびそれらを開発するためのプロセス（外側の輪）は，図10にまとめられている。

紙幅が限られるため，すべての属性とスキルについて詳細に説明することはできない（ただし，Gilbert. 2009a. pp.194-210を参照）。しかし，表3に概要

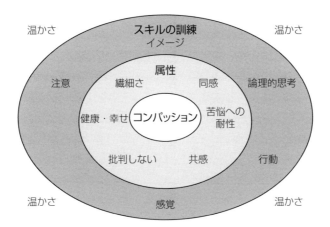

図10　複合的なコンパッション・マインド・トレーニング（CMT）　Gilbert, P. (2009a) *The Compassionate Mind*. London: Constable & Robinson and Oaklands, CA: New Harbingerより許可を得て転載。

表3　コンパッションの属性とスキルは，怒りや不安，落ち込み，悩みを抱えたときに生じる感情や思考，行動に対抗するために使われる

コンパッションの属性	コンパッションのスキル
1　自己と他者へのコンパッションを持つ動機付けをすることで，苦しみを軽減し，豊かな生活を送ることができる。コンパッションを育む努力の価値を認識する「意図性」が重要であり，多くの場合，コンパッションの「感情」そのものよりも大事である。	1　役に立つこと，バランスの取れた視点をもたらすことに意図的に注意を向けることを学ぶ。これには「マインドフル・アウェアネス」やマインドフルな注意（コンパッションのあるイメージや自己の感覚に注意を向けること）を含む。しかしこれは回避の術ではない。
2　自己および他者の感情やニーズに対する感受性を高めること（単に心の脆さ，恐れ，心配に気づくこととは異なる）。	2　客観的に，証拠を見ながら，バランスの取れた視点を取り入れる。俯瞰して見て，思考や論理的思考の様子を振り返り，書き留める。
3　自己や他者の感情に同情，感動，同調する（感情を切り離したり，怒ったり，恐れたりするのとは対照的）。それはまた成長のためのニーズに対してより敏感になることを意味する（例：助けを求めたり，休憩を取ったり）。	3　苦悩を和らげるために行動し，自分や他人の人生の目標へと前進させるような行動を計画し，それに取り組むことを学ぶ。
4　困難な感情，記憶，状況（肯定的なものも含む）を避けるのではなく，耐える能力を磨く。	4　コンパッションのある行動は，しばしば勇気と行動を必要とする。
5　自分や相手の心がどのように動いているか，なぜ自分（相手）が今感じるものを感じているかについての洞察と理解を深める。	
6　自分と他人に対して，許容的で，非難せず，非服従的な思考を持つ。	

Gilbert, P.（2009a）*The Compassionate Mind*. London: Constable & Robinson and Oaklands, CA: New Harbinger を基に作成。

を示す。

　CFT の多くの介入は，標準的な CBT の介入方法，すなわち挙げればきりがないが推論の連鎖，問題解決，反芻の減少，代替思考の作成，反証探索，受容性の育成，段階的曝露の実践，行動実験の活用，安全行動の減少などを用いる。これらは非常に大事なスキルだが，CFT 独自のものではない。独特なのは，それらのスキルが使われる状況や方法である。

例

　たとえば，誰かが就職の面接で失敗したり，体重が増えたりといった挫折を味わったとしよう。彼らは自分自身を悪く思い，自己批判的になっている。ここで，クライエントをサポートするために使い得る手続きを紹介する。

（1）仕事の不採用や体重の問題から生じた苦痛の存在を認める。クライエントがその苦痛に取り組む前に，その苦痛を認め，共感する（しかし自己憐憫に陥らない）。これは非常に重要なことである。なぜなら，多くの人が，苦痛を否定したり，過小評価したり，あるいは処理できていないことに腹を立てているからである。

（2）無理にコントロールや回避をせずに，感情的な寛容さと受容を学ぶ。マインドフルネスの価値を探る。

（3）自己批判するのは理解できるが，それは助けにならないと認識し，**自己批判の背後にある恐れや悲しみを見る**。そして，それらに対するコンパッションを育む。

（4）いやしのリズムで呼吸をし（数秒でもよい。本書124-125頁を参照），内なる苦痛や自己批判に働きかける準備をする。

（5）この状況で何が役立ち，サポートになるのかに注意を向け直す。たとえば，以前の成功体験や人々のサポート，コンパッションのある自己（本書第21章を参照），コンパッションのあるイメージ（本書第26章を参照）を思い起こさせるなど。ここで何に注意を向けるとよいか，クライエントをサポートする。

（6）この問題（仕事の不採用や体重の問題など）に対処しているコンパッションのある自己を想像する。

（7）（自己批判的な）反芻は理解できるもので，よくあるプロセスだと認める。しかし同時にコンパッションのある自分になることに再集中することの価値も認識する（本書第21章を参照）。

（8）コンパッションのある自己が，自分の自己批判と，しばしば自己批判の一部である恐れや悲しみにコンパッションを向けているのを想

像する（本書第23章を参照）。クライエントに少しのあいだ反芻するように言ってから，「コンパッションのある自分になる練習」をして，その変化を記録してもらう。

(9) 友達にどのように話すかを探る。しかし，内容だけに注目するのではなく，**話していることを感じられるように時間をかけてゆっくり**行う。実際，その内容は，動機や感情よりも重要ではない。やはりここでも，コンパッションのある自分になることが，これを探求するのに一番良い方法かもしれない。

(10) このような困難は自分だけではないことを認識したり（共通の人間性），苦しみは人間であることの条件であることに心を開いたり，責任の脱個人化，白黒思考の認識と対策，過度の一般化の認識と対策などさまざまな認知的コンパッションの介入で使用する技法を活用する。そして，脅威や苦痛を感じたときにこのように考えてしまう傾向を理解を持って認める。しかし，いずれの場合も，これらの対処すべき認知が役に立つと**本人が感じられるように**，十分なスペースと時間を与える。**内的なやさしい声**をもって練習することが大事である。

(11) コンパッションのあるチェアワーク（本書第22章を参照）を使って，自己批判に取り組む。

(12) コンパッションのある手紙を書く（本書第27章を参照）。

(13) 最も支援になる行動は何か。短期的，長期的な視点で考える。

(14) コンパッションのあるイメージを使って再集中する。コンパッションのあるイメージとの対話を想像する。

これらはほんの一例であり，次にいくつかのアイデアを検討していく。

コンパッションの属性に磨きをかける

コンパッションのある焦点化とイメージに移行するとき，私たちはイメージの中で四つの大事な性質，すなわち「**知恵，強さ，温かさ，批判しないこと**」に焦点を当てる。以下，それぞれを説明する。これらをクライエントと共有することもできる。しかし，私たちは，心の中の輪にも重点を置く。そ

うすることで，思いやりの動機を開発し，苦痛に寛容になれる。

智慧

コンパッションと智慧は密接に結びつき，互いに影響し合う（Cozolino, 2008）。知恵に関する研究によると，智慧はさまざまな精神的健康効果，成熟度，向社会的行動と関連している（例，Ardelt, 2003を参照）。アーデルトは，智慧とは認知的，反射的，感情的な要素に関連した多面的な概念であり，まず，伝統や迷信に頼るのではなく，知識を求め，新しいものに対してオープンな姿勢で「知りたい，学びたい」という理解への**動機づけ**が必要であると示唆した。第二に，人間のありようや性質について**考え**，複雑さやパラドックス（たとえば，死，衰え，苦しみ）に取り組む能力を含む。仏教では，「自己」が幻影にすぎないという本質を見抜くこととされ，進化心理学では（自分の意思とは関係なく）人間がどのように構築されたか，「私たちは皆，気がついたらここにいた」（本書第8章を参照）ことを認識することである。第三に，**智慧のある論理的思考**は，状況を異なる角度から考えることを可能にする（例：CBT）。マインドフルネスのように冷静な心を養い，投影と感情的な推論を最小限に抑え，判断や非難をしない。智慧とは，経験からいかに学んだかである。第四に，智慧を支える**感情**は，コンパッションと思いやりに基づいており，苦しみを和らげ，自己と他者の繁栄を促進するものである。智慧は，ライフサイクルの中で，経験を通じて現れるものである。それゆえ，心理療法は，人々が知恵を探し求めることを支援することができ，最終的に智慧が人々を助ける。DBTでは，「智慧のある心」が最重要点となる（Linehan, 1993）。重要なことは，これらの資質の多くが，まずメンタライジング（自分自身の精神状態を把握できること）を基礎としていることだ（Bateman & Fonagy, 2006）。したがって，メンタライジングは智慧を支えるものでなければならず，これらの領域の多くがいかに重なり合っているかを改めて示している。

智慧に至る道筋がある一方で，智慧そのものも存在する。智慧は洞察，知識，理解から生まれ，心を変化させる。

直感的な智慧

CFT では，直感的な智慧という概念を用いて，人々が自分自身の内なる理解と繋がり，自分の感情を認識することを支援する。たとえば，三つの輪のモデルは理解しやすいと思うが，これは「直感的な智慧」を人が持っているからだと思う。あるクライエントは，虐待を受けていて，それでセラピーを始めたが，そのセラピストは「今ここ」にしか働きかけたくない人だったので，そのセラピーを辞めた。しばらくして，彼女は私に会いにきた。彼女は明らかに虐待の過去に取り組む必要があり（そしてそれを望んでおり），こうしたものを彼女の「直感的な智慧」と呼ぶ。CFT では，可能な限りクライエントに「この問題に対するあなたの直感的な智慧は何ですか」とたずねる。これが CFT における協力の基本姿勢である。私たちのアプローチが用いる言葉と焦点は重要である。もちろん，直感的な智慧がそれほど賢くないこともある。

強さ

コンパッションのなかで最もよくある混乱の一つは，人々がコンパッションを弱さや柔らかさとして捉えることである。しかし，シャロン・サルツバーグ（Salzberg, S.）はこう言っている。

> コンパッションは決して弱いものではない。世界の苦しみの本質を見ることによって生まれる強さなのである。コンパッションがあるからこそ，自分であれ他人であれ，その苦しみを恐れずに見つめることができ，不正を躊躇なく指摘し，あらゆる技術を駆使して強く行動することができるのである。このコンパッションという心の状態を身につけることは，仏陀が言ったように，例外なくすべての生き物に共感して生きることを学ぶことである。　　　　　　　　　　　　　　　（Salzberg, 1995, p. 103）

これらはやや理想論的ではあるが（たとえば，「恐れずに」ではなく「恐

れに耐える」ことが重要である），要点は理解できるだろう。彼女はさら
に，痛みを認めることよりも，痛みに対して自分自身を開き，痛みと共存す
ることのほうがより困難であることを指摘している——これは ACT（Wilson,
2009）などにも共通する見解である。重要なのは，つらい気持ちに「耐え
る」能力であり，それは勇気と結びついている（Gilbert, 2009a）。勇気は，
後述する思いやりのエクササイズで述べるように，権威の概念とも結びつい
ている。

温かさと判断しないこと

　温かさについては，第7章で説明した。判断しないこととは，非難しない
ことである。変化を「強制」したり，物事を排除しようとしたり，破壊した
りすることとは異なる。明らかに，思いやりのある人々は，思いやりのある
公正な世界を望んでいる。論理療法でよく説明されているように，好みとマ
スト（must）は大きく異なる（Dryden, 2009）。

多要素の構成

　コンパッションには異なる要素がある。ある人は親切だが，あまり賢くな
いかもしれない。またある人は気前が良いが，勇気はないかもしれない。火
事で子どもを助けようと駆けつける勇敢な人は，最も親切でやさしい人では
ないかもしれない。正義・公正への関心と思いやりへの関心が対立すること
がある（Gilbert, 2005a）。人は，他人にはやさしいが自分にはやさしくない，
あるいは，友人にはやさしいが敵には悪意を持つことがある。つまり，コン
パッションは複雑なものであり，その多様な質感についてもっと多くの研究
が必要であることを認識することが重要である。**セラピーでは，その人がす
でに持っているコンパッションの強さを明確にし，それを土台にすることが
重要である。**

第**17**章 心を整え，トレーニングする——マインドフルネスといやしの呼吸のリズム

　ここ100年ほどの間に，西洋外の社会で生まれたさまざまな精神的伝統や心のトレーニング方法への関心が高まっている。なかでも，武道（柔道や空手など），運動に焦点を当てたもの（ヨガや気功，太極拳など），そして仏教（小乗仏教や大乗仏教，禅など）への関心が高まっている。異なる流派は，異なる伝統と実践を元とするが，それらの間に共通するのは，**心，特に自分の注意をトレーニングすること**である。これらの伝統は，「経験」と「経験を経験すること」，「意識」と「意識を意識すること」を区別している。たとえば，私は不安に苦しむことができるが，不安に苦しんでいることを自覚することもできる。不安について考え，思考や注意を不安に支配されることもあれば，不安を観察し，不安とともにあることを選び，不安を受け入れつつ，不安に駆り立てられた行動をしないこともできる。私は自分の呼吸に注意を払い，「選択する行為によって」自分の注意を集中させることができる。

　マインドトレーニングに対するセラバダ（南アジア）のアプローチ，**マインドフルネス**（古代インドのパーリ語の「サティ〈Sati: 気づき，注意，記憶という意味〉」に由来），そして，ジョン・カバットジン（Kabat-Zinn, 2005）の活動に刺激され，この20年間，マインドフルネスのトレーニングがさまざまなメンタルヘルスの分野，すなわち心理療法（Crane, 2009; Didonna, 2009; Hayes et al., 2004; Segal et al., 2002），治療関係（Katzow & Safran, 2007; Siegel, 2010; Wilson, 2009）自己啓発（Williams et al., 2007）などへ活用されてきた。マインドフルネスは，好奇心，やさしさ，判断しないことをもって，自分の内面と外面の世界に注意を向ける方法を教えてくれる。判断しないこととは，批判や非難をしないことであり，好みを持たないという意味ではない。たとえば，ダライ・ラマは世界がよりスピリチュアルな場所になることを強く望んでいるし，**マインドフルな人々はより公正な社会を望んでいる。**

私たちも，ときにはマインドフルでいることを思い出さなければならない。

マインドフルネスの鍵は，観察することに注意を集中し，「完全に今ここに存在する」ことである。たとえば，帰宅するために車を運転しているとき，家に着くまでは仕事や週末のことを考えていて，運転中のことをあまり覚えていないことがあるかもしれない。完全に今ここに存在するとは，その瞬間に運転という行為を完全に意識していることを意味する。マインドフルネスでは，自分が（注意の焦点となり得る）観察する心を持っていることを意識する。たとえば，マインドフルに行動に取り組むということは，観察し，気づき，オープンな注意を払って，その瞬間に注意を向けるということである。リンゴを食べるのであれば，視覚的な質感，食感，味，飲み込む動作に注意を払うということである。

チベット僧のマチュー・リカール（Ricard, 2003; 私信，2008）は，心の内容とマインドフルな気づきを区別するために，たとえを用いている。「鏡は多くのものを映すことができるが，映されているものではない。松明は多くのものを照らし，多くの色を見せることができるが，照らされているものではない。水は毒や薬を含むことができるが，毒や薬ではない」。これらのたとえは，私たちの心の中身と，その中身を意識的に認識するプロセスを区別するために考えられた。この違いを意識し，先入観を持たずに，意識的な気づきに集中することが，マインドフルネスの鍵なのである。

マインドフルネスは，私たちが「経験的回避」と呼ばれる物事について考えたり感じたりすることを避けようとするとき，助けになる（Hayes et al., 2004; Wilson, 2009）。感じることの回避は，さまざまな形で行われる。たとえば，親密さを恐れたり，それに伴う不安を避けようとする人は，人と関わる機会を避け，自らを孤独のどん底に陥れるかもしれない。恥，虚無感，不安，怒り，抑うつなどの感情を避けるために，ある人は酒や薬物，無謀な活動，過食に走るかもしれない。CFT は，人々が「感情とともに」あることを学ばせてくれる。注意を払いながら，（適切であれば）感情を許容し，受け入れることを学ぶのである。受け入れるといっても，何でもありということではない。もし火に手を近づけたら，火傷する前に手を離すのが良い考えである。もし虐待的な関係にあるのなら，ただ受け入れるのではなく，そこから抜け出すのが良い考えである。つまり，受容は智慧に基づく必要がある

（Wilson, 2009; Linehan, 1993）。心理療法では，辛い気持ちの受容と耐性は，セラピストによる思いやりのある共感的理解と認識によって促進される（Wilson, 2009; Leahy, 2005; Linehan, 1993）。

　マインドフルネスは，メンタライジングの発達を助けるプロセスであり，立ち止まり，ゆっくりして，自分自身や他者の精神状態を振り返る能力（本書第4章を参照）となり得る。

　また，マインドフルネスは，**反芻する心**とそれがもたらす害に気づかせてくれるので，反芻のサイクルに気づき，そこから脱却するのに役立つ。研究者たちは，反芻がさまざまな障害の発症とその維持に拍車をかけることを示唆している（本書55-57頁を参照）。

　進化論的な観点から言うと，マインドフルネスは**自己認識**の問題，つまり，私たちが持つアイデンティティと自己評価の感覚と密接に関係している。社会心理学者のマーク・リアリー（Leary, 2003）は，*Curse of the Self*（『自己の呪い』）という本を書き，私たちの「自己」という感覚にはさまざまな利点があるが，同時に多くの欠点もあることを強調した。自己の気づきと自己評価は，自己意識とアイデンティティを守ろうとするとき，プライドと恥，そしてさまざまな有害なコーピング行動の支えとなり得る。マインドフルネスの実践は，自己意識と個々のアイデンティティをさまざまな方法で経験し始めるのに役立つが，これは本書の本題からは外れる内容である。

　マインドフルネスは，私たちの心の問題に対処するのに役立つだけでなく，**私たちが今いる場所にもっと感謝できるようになるのにも役立つ**。雲の美しさ，日の出や日没を味わうことを学び，食べ物の味などの単純な喜びを楽しみ，花の美しさに感動する。このような喜びは，マインドフルでないと，簡単に見過ごしてしまう。

さまよう心

　車の運転の例で述べたように，私たちの心は，今いる場所以外のどこにでも存在し得る。たとえば心配事に集中する，将来のプロジェクトや活動を計画する，議論を予測して反論を考える，休日を楽しみにする，空想や反芻などである。これらの精神的プロセスは，私たちの身体や精神状態にさまざま

な影響を及ぼす。マインドフルネスは、このことに気づく手助けをする。

　マインドフルネスは、特に行動実験やイメージに関するものなど、さまざまな障害に対処するときに、それを人々に説明するのに役立つ。私たちの心は特に、動揺していたり、先入観を持っていたり、不安であったりすると、あちこちにさまよってしまうので、マインドフルネスの実践は人々にとって難しいものである。だから、心がさまようのは自然なことであり、正常なことだと教えることが重要である。最近の研究では、アイデアからアイデアへ、シーンからシーンへ、テーマからテーマへと飛び回るこの心の迷いが、実は人間の創造性や独創性の源であるかもしれないと言われている。心の迷いを問題視するのではなく、クリエイティブな心を持つという観点で、ポジティブにとらえることができる。

　マインドフルネスは、心が迷ったときにそれに気づき、判断や批判をせずに、やさしく、親切に、心を大事なことに戻してくれる。この「気づいては戻し、気づいては戻し、気づいては戻し……」が、マインドフルネスなのである。私たちは、自分の心がどのように思考や感情を生み出しているのかに注意を払うことを学んでいる。セラピストは心がさまようのは**問題ではない**とクライエントを落ち着かせる必要がある。なぜならマインドフルネスの焦点は、単純に気づくこと、注意を払うこと、気づくことを忘れないこと、注意を集中することだからである。**人は、自分の心の迷いや、作業に集中することの難しさに気づいて、落胆することがある。**しかし、セラピストは「どれだけ心がさまよっているかに気づいているということは、マインドフルネスができないということではなく、**実際にできているということの表れ**なんだよ！」と説明してあげるとよいだろう。マインドフルネスとは、気づいて注意を戻すことであり、よく誤解されているような「思考を空っぽにする」ことではない。マインドフルネスはそれ自体が有用であるだけでなく（あるセラピーでは主要な点となっている；Crane, 2009; Segal et al, 2002）、コンパッションに焦点を当てた多くのワークの主要な要素となっている。たとえば、コンパッションのある思考、行動、イメージは、マインドフルに生み出され、作用する。

いやしの呼吸のリズム

ダライ・ラマは，私たちが心を効果的に使うためには，「落ち着いた心」を養うことが必要だと指摘している。武道では，怒りや恐怖，辱めや傷つけようとする欲望ではなく，その場に身を置き，静寂から戦ったり守ったりする方法を学ぶことに焦点が当てられている。もちろん，これらは目指すべき理想だが，彼らは身体の覚醒に働きかける練習をすることの重要性を認識している。CFT では，「いやしの呼吸リズム」と呼ばれるものがある。このエクササイズの詳しいやり方は，*The Compassionate Mind*（Gilbert, 2009a, pp. 224-228）に記載している。また，自分でテープや CD を作って人に渡すこともできるし，私の CD（Gilbert, 2007d）には，このエクササイズやその他の思いやりに焦点を当てたエクササイズが収録されている。

楽に椅子に座り，姿勢を正し，足を地面につけたら，普段より少し深く呼吸をし，呼吸のリズムに意識を向けて，**自分がゆっくり呼吸していることを感じる**。呼吸に関するエクササイズでは，参加者に数を数えてもらうものもあるが，今回のいやしの呼吸のリズムでは，このゆっくりとしたプロセスに注意を払い，体の感覚と呼吸の繋がりに気づいてもらうように促す。ゆっくりの呼吸に気づいてもらうために，あえて速く呼吸をしてもらい，身体の変化に気づいてもらい，その後，再びいやしの呼吸のリズムに戻してもらうこともできる。

私たちは，いやしの呼吸のリズムを，さまざまなリラクゼーション運動やボディスキャンと組み合わせることができる。CFT では，緊張は保護システムの一部だと考える。緊張は，私たちを保護し，行動の準備をするために発達したものである。つまり，緊張は感謝をして手放すべきものだと考える。言い換えれば，「緊張」を悪いものと見なさない。むしろ，緊張に感謝しながら，今は必要ないから手放そうということである。

たまに，いやしの呼吸リズムをすると不安になる人もいる。その際にはゆっくりと慣れてもらう必要がある。慢性的なメンタルヘルスの問題を抱えた人たちとワークしたとき，最初は呼吸法をやりたがらない人が何人もい

た。グループでの議論の後，テニスボールを使ってマインドフルフォーカシングを行うことにした（Gilbert & Procter, 2006）。セラピーが終わるころには，彼らはいやしの呼吸のリズムのコツを掴んでいた。

　生理的・身体的なプロセスに気を配ることは重要である（Ogden et al., 2006）。この作業を「三つの輪モデル」で考えると，クライエントは自分の脳に対して何をしているのかをより理解できるようになり，またクリエイティブにアプローチする手助けになる。

やりやすいときに実践する

　行動療法家は，「段階的なタスクと漸進的な曝露」という概念に非常に精通している。これは本書で紹介されている全エクササイズに当てはまる。また，クライエントには**やりやすいときに練習するべき**，これも大事な点である。たとえば，泳げるようになりたいのなら，浅く，水が心地よいほどに温かいプールで練習すべきである。嵐の海で練習するのは良いとはいえない。運転の練習であれば，高速道路ではなく，裏通りやガラ空きの駐車場で練習するべきである。体力作りの最初の段階で，マラソンに挑戦するのも良くない。こうしたたとえは，ある種のものごとは，本人が望んでいたとしても，時期が悪ければうまくいかないものだということを理解する助けになる。つまり，スキル（あるいは脳のシステム）が発達していなければ，うまくいかないのだ。**調子が良いとき**に練習して，徐々に難しいときにも練習するようにしていけば，より練習の効果が高まる。だから，セラピストとしては，**まず最も練習しやすいタイミングを考え**，次から紹介するような練習をルーティンにし，徐々に難度を上げていくよう手助けをするのである。

　マインドフルネスと同じように，自分のスキルを発揮するには「その瞬間」を思い出すことが重要である。たとえば，コンパッションのある考え方を練習してきた人は，悩んだり，争ったりしたときに，その考え方を思い出し，その考え方に移ることが重要である。それは，数回呼吸をし，コンパッションのある自己やコンパッションのあるイメージ（後述）に集中するのである。

イメージ法の導入

第**18**章

　前述したとおり，CFT は明確な進化論と神経科学的なモデルを基として
いる。CFT は心の病気が，私たちの基本的な脳の構造や（過去また現在に
存在する）社会的な困難によって作られていると考えることで，手に負えな
いような「病気」や「精神病」として扱うことを抑止し，また，そこからく
る恥を防ぐことができる。クライエントが自分の症状は「自分のせいではな
い」と理解することを助けながら，同時にその症状の「責任を取る」重要性
を理解させることは，CFT の大事なポイントである。ここまで，コンパッ
ションの円について述べてきた。なかでも，コンパッションのある相手への
注意（気配り），考え方，行動，そして，困難や自分自身に対して，コン
パッションを持って接しようと**思うこと（動機）**について考えてきた。イ
メージはこうした一連のフレームワークで使えるものである。セラピストが
「十分な情報を与えずにクライエントにイメージをさせて」，それで効果が出
ないのは残念である（本書第29章を参照）。

　CFT は，イメージ法を三つの円（本書第6章を参照）と脳の図解（図11）
を用いて説明するので，なぜイメージ法をトレーニング・エクササイズとし
て実践することが大事なのかを理解できる。イメージ法は心理療法でもよく
使われ，その効果は言語よりも強力であると報告されている（Hall et al.,
2006; Singer, 2006; Stopa, 2009）。イメージ法は他人に対してポジティブな感覚
を生み出すのを助けたり（Crisp & Turner, 2009），古典的な条件づけのパラ
ダイムの中でも使われる（Dadds et al., 1997）。イメージ法の中で記憶の書き
直しをすることは，PTSD の治療，特にトラウマ記憶の処理に有効である
（Brewin et al., 2009）。多くの仏教の瞑想と同様（Vessantara, 1993），CFT に
おいても特定の心の状態を作るのにイメージ法が重要である（Gilbert,
2009c）。

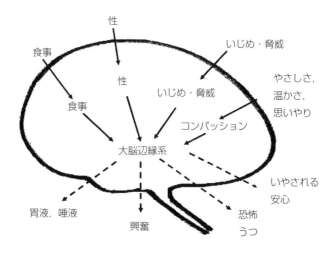

性

いじめ・脅威

食事

やさしさ,
温かさ,
思いやり

性

いじめ・脅威

食事

コンパッション

大脳辺縁系

いやされる
安心

胃液, 唾液

興奮

恐怖
うつ

図11　脳の図　Gilbert, P.（2009a）*The Compassionate Mind.* London: Constable & Robinson and Oaklands, CA: New Harbinger の許可を得て転載。

　シンプルな例を使ってイメージ法の力を理解してもらうことは重要である。以下に CFT ではどのようにこれをするのかを述べる。まずクライエントと一緒に，大まかな脳の形を描く（図11）。そして，話しながらその言葉を書き出しながらこのような説明で始めていく。

ガイダンス

　とてもお腹が空いているときに美味しそうな食事が目の前に差し出されました。あなたの体では何が起こるでしょうか（クライエントの反応を待つ）。その情報は脳内の食事に関わる部分を刺激し，それが体にメッセージを送ります。口には唾液が出てきて，胃には胃酸が出ます。少し時間を置いて実際の状況を考えてみましょう。次に，あなたはとてもお腹が減っていますが，家には何も食べ物がないとしましょう。そこで美味しそうな食事を**ただ想像します**。あなたの体には何が起こるでしょうか。また時間をとって考えてみてください。**あなたが意図的に想像した**イメージも同じように脳を刺激し，体にメッセージが送られるでしょう。口に唾液，胃に胃酸が出たはずです。大事なのは，実際に食事

はないということです。あなたの頭の中で描いたイメージだけですが，あなたの体は反応し唾液が出ました。これについて少し考えてみてください。

　次に別の例を考えましょう。これは多くの人が経験したことかもしれません。テレビで何か性的なものを見たとします。これが脳内の性的興奮を司る部分を刺激します。そして体が反応します。同じように，これはテレビがなくても，ただイメージするだけで同じ脳内，そして，体内反応を起こすことができます。なぜなら**イメージだけ**で，**脳下垂体**（脳内の生理学的なシステムであり，ホルモンを分泌する器官）を刺激できるからです。

　何が言いたいかというと，思考やイメージは，私たちの脳と体を刺激するのに非常に有効だということです。これについてはよくよく考えてみてください。なぜならこれが今後の話の中でさらに重要になってくるからです。イメージが脳内の生理学的なシステムと体を刺激します。

　では，次に脅威に基づく例をとってみましょう。誰かがあなたをいじめているとします。彼らはいつもあなたのミスを指摘したり，過去の不幸な事柄を持ち出したり，あなたは何もできないし，新しいことをしようとしても無駄だなどと言ったり，あなたに対して怒りの感情を持っているとします。これはあなたのストレスシステムに影響し，体内ではコルチゾールやストレスホルモンが増加します。人があなたを批判するとどんな感じがするでしょう。少し時間を置いて考えてみてください。彼らの不快感があなたを不安にしたり，イライラさせたり，不快にするでしょう。なぜならあなたの脳内の脅威システムが刺激されたからです。しかし，ここまで述べてきたように，**あなたの思考とイメージも同じことができるのです。**もしあなたがあなた自身を批判していたら，ストレスシステムが刺激され，不安，怒り，落胆といった感情システムを作動させるでしょう。自分自身の考えが，**ストレスや不快感**を呼び起こすことが可能なのです。誰が批判されることから，歓喜，幸せ，満足，ウェ

ルビーイングを感じられるでしょうか！　もし，あなたが自己批判的な態度を取りたいなら，あなたは常に脅威システムを刺激していることになり，その結果，常に脅威に晒されていると感じるでしょう。つまり，自己批判は脅威システムを刺激するのです。これは，性的な思考やイメージがあなたの性的システムを刺激し，美味しい食事をイメージすることがあなたの空腹システムを刺激するのと同じです。

　反対にあなたが自分のミスについてイライラしていたり，困難な状況に遭遇したりしたときに，誰かが非常に親切で，理解を示してくれたら，ストレスを和らげてくれると思います。支援されていて，大事にされていると感じます。つまり，食事や性的なイメージ，自己批判などで見られる同じ構造を，自己（または他人）への思いやりに対して使うとき，私たちは脅威の感覚に対しても，自分自身で自分をなぐさめることができます。

　以上のようなガイダンスを使うことで，イメージ法の大事さが伝わるはずである。クライエントに「コンパッションのイメージ法がなぜ治療に有効なのか」聞いてみるとよいだろう。生理学的な反応（たとえば，唾液が出たり，性的な興奮）など実践的なことにより焦点を当てることで，より効果的に特定の抵抗に対処できるだろう（本書第29章を参照；Gilbert & Irons, 2005）。

イメージ法の説明と探求

　自分はイメージが得意ではないと思っている人がいる。そういう人には次のような実験をしてもらう。座って心を穏やかにしてもらい，「自転車」と言ってもらおう。そのときに何が思い浮かぶだろうか。同じように「アイスクリーム」「パーティ」などと言ってもらい，何が思い浮かんだかを聞いてみよう。イメージはこのように自動的にできるものでもある。もしその人が何も浮かばないと言ったら「自転車はどのような形をしていますか。車輪はいくつ？　ブレーキはどこにありますか」などと聞いてみよう。何か答えが返ってきたら，「どのようにしてそれを知ったのですか」と聞いてみよう。

または，朝食について聞くこともできる。これに答えるためにもイメージが必要だ。実際にはイメージ法を使っているが，それに気づかないのは多々あることだ。また，実際に手にとる写真のように明確に見えていないといけないと思っている人もたまにいる。実際のところ，より「視覚情報」を処理するのが得意な人と，そうでない人がいるのは事実である。

　異なるイメージが異なる感情を呼び起こす。これは連想体系が異なるからだ。トラウマのイメージに関わる感情と，幸せな時間のイメージに関わる感情では大きく異なるだろう。トラウマのイメージが鮮明な場合もあり（Ogden et al., 2006)，その際，イメージの知覚要素（視覚または聴覚）は，感情要素から区別することができる。コンパッションイメージ法の実践においては，感情要素と徐々に連想していくようなイメージを作る。

コンパッションのイメージ法

　イメージ法はコンパッションのある内省の基本となり，コンパッションのある思考や行動，また瞑想において良いアイデアを提供してくれる。純粋なマインドフルネスにはイメージ法は存在しない。何の判断もせず，今この瞬間に注意を払い，内的・外的な世界の流れを察するのみである。しかしコンパッションのある再焦点化では，さまざまなタイプのイメージ法を活用する。イメージワークを導入するときに，以下のような情報を提供する。

ガイダンス

　　今からイメージ法に取り組みますが，始める前に少し注意事項を述べます。イメージすることが得意だと感じる人もいれば，そうでない人もいます。まず，あなたがもし得意ではないと感じるのであれば，コンパッションを成長させようとしている**あなたの意図**が大事なのであって，感情やイメージの明瞭さが重要ではないことを覚えておきましょう。そして，明瞭なイメージをしないといけないと思い込んでいる人もいますが，イメージはそれほど明瞭でなかったり，しっかりとしたものでなかったりしても構いません。大抵，心の中で見るイメージはポラロイドカメラの写真のように明瞭には見えません。イメージ法は練習する

必要があります。たとえば，家にある花瓶を数秒間見て，その後，目を閉じて花瓶を思い浮かべるようにやってみます。遊び心と好奇心を持ってやってください。さまざまな対象物でやってみて，何が自分には適しているかを考えてみてください。

　考えが散漫になり他の事柄へ向いてしまうなど，よくある問題についてもあらかじめ言っておくとよいだろう。大事なことはそれに気づき，注意を今していることに向けることである。あなたは，自分のクライエントが自己観察をしているか，「正しくしているかどうか」の判断をしようとしていないか，特定の感情を得ようとしていないか，またうまくできているかなどと様子を伺う必要が出てくるだろう。また，声のトーンやその内容をイメージするほうが簡単な人もいるだろう。

第**19**章 安全な場所を作り出す

　最初にするとよいエクササイズは「安全な場所を作り出す」ことである。
この安全な場所では，人は快適で，安心できて，いやされ，落ち着いた感覚
を体験できる。つまり，人が求める場所である。まず心地よく座った姿勢を
作ろう。そこから，いやしの呼吸のリズムをして，短いリラクセーション・
エクササイズに入っていく。もしクライエントがこの呼吸が嫌だというので
あれば，静かに座ったままでいてもらおう。これらのイメージを使うエクサ
サイズは真剣に，そして同時に，「遊び心や好奇心を持って」取り組んでほ
しい。また，「注意が散漫になること」はよくあることで，イメージは明確
でもなく，しっかりとしたものでなくてもよいことを覚えておこう。クライ
エントが緊張していたり，動揺したりしていると，このようなイメージは難
しいと感じることがある。そういうときは体を動かすエクササイズのほうが
適しているだろう。

イメージ法の誘導

　　このイメージのエクササイズでは，心の中に**ある場所を作っていきま
す**。それは，あなたに**安心感や落ち着き**を与える場所です。もしあなた
が今，すごく落ち込んでいるなら，そのような感情を想起させることは
難しいかもしれませんが，これに取り組んで，あなたが居たくなるよう
な場所について考えることは，非常に大事なことです。だから，まずは
取り組んでみることが大事で，感情は後からついてくるでしょう。

　　この安全な場所は，木々の葉っぱが風にやさしく揺られるような美し
い森かもしれません。暖かい日光が地面を明るくし，そして，風があな
たの顔にやさしく吹きかかり，木漏れ日があなたの目の前に流れ込みま

す。葉っぱが揺れる音がして，木々の匂いや，風の匂いを想像してみましょう。また，あなたの安全な場所は，水晶のような綺麗な青が地平線に広がるビーチかもしれません。足元には柔らかい白砂が広がり，まるでシルクのような肌触りが感じられます。波が砂にあげられる音が聞こえます。太陽を顔に感じて，海の水面で光の反射があちらこちらで見え，足元には暖かい砂，そして，肌には風を感じるところを想像してみましょう。あなたの安全な場所は暖炉の側かもしれません。そこで薪が音を立てて燃え，その匂いが想像できます。これらはあなたに快感をもたらすような場所の一例です。大事なことは，あなたが安心・安全を感じることです。だから，これらの例でなくても構いません。

　また五感を意識すると，あなたの集中力を高められるかもしれません。何を見て，感じて，聞いているのか，それを想像しましょう。

　安全な場所を思い浮かべたら，体をリラックスさせていきます。顔の表情に意識を向けて，安全な場所にいることを嬉しく思い，軽く笑みを浮かべます。

　これはあなたが作った独自の安全な場所なので，**その場所そのものは，あなたがいることで嬉しいと感じています。**そこにいることが快感をもたらすという体験を探求してください。この場所はあなたがいることで幸せだというのを想像してみて，そのときのあなたの感情を楽しんでください。

「あなたがそこにいることでその場所は嬉しいと感じている」という趣旨の表現をしたが，やさしさを提供することは，大事だと思われる動機とともに発展し，人がより求めているのはこのような必要とされているという感覚である。このエクササイズでの五感情報をゆっくりと体感してほしい。大事なことは，これらのイメージ法を**何かから逃避するために使っているのではなく，**クライエントの心に安らぎをもたらすためにやっているということだ。またこのエクササイズは，探求が目的であり，トレーニングとしても使える。

コンパッションの色

コンパッションのイメージ法を実践することで，コンパッションの色を浮かべてから始めたいという人も出てくるだろう。コンパッションの色は大抵，（ダーク系ではなく）パステル系である。グループで実践するとこの色が人によって違うのは，非常に興味深い。また色はセラピーの中で変化することもあるだろう。このエクササイズはゆっくりとやってほしい。

ガイダンス

　　ゆっくりと落ち着くように呼吸をして，準備ができたらあなたが思いやりを思い浮かべると浮かんでくる色，または，親切さや温かみを連想させる色を想像してください。先ほどのエクササイズと同じように，これも明瞭に見えていなくて，かすかな感覚から思い浮かぶ色でも構いません。そして，準備ができたらその色があなたを包んでいるところを想像します。そして，そのコンパッションの色があなたの心臓を通してあなたの中に入り，体全体にゆっくりと広がっていきます。そして，その色に注意を向けながら，その色があなたに知恵と強さ，そして，やさしさといった，コンパッションの大事な要素をもたらしていると想像してみましょう。このエクササイズは，コンパッションの表情をうかべてもよいでしょう。そして，そのコンパッションの色があなたを助けたいと思っているのを感じます。その色があなたをいやし，あなたが幸せになることだけを願っていることをイメージします。その意図を感じることに集中しましょう。

　大事なことは，自分が大事にされているという感覚を練習することである（ここではコンパッションの色によって大事にされている感覚。これはコンパッションのある人をイメージすることと比べて無難である。本書第29章を参照）。

　このエクササイズをした人が述べたことだが，彼女が難しい状況をイメージすると，この色が強くなったそうだ。彼女は自分には何がどう作用するのかを観察すること，つまり自分の中にある直感的な知恵に目を向けることが上手だと言える。彼女はコンパッションの色がさまざまなことに使えると発見したのだ。

第**20**章 コンパッションに焦点を当てたさまざまなイメージ

　大乗仏教では，さまざまなコンパッションに焦点を当てたイメージ法の文献がたくさんある（Leighton, 2003; Vessantara, 1993）。しかし西洋ではもっともよく使われるコンパッションのイメージ法は，上座仏教（テーラワーダ仏教；Theravadan）から来ていて，特に慈悲の瞑想（loving〈friendly〉-kindness：Salzberg, 1995）と関連したものがよく使われている。たとえば，カバット・ジンは慈悲の瞑想の中で（2005, pp. 285-296）「他人があなたに親切だったときを思い出しましょう。あなたが他人に対して親切だったときを思い出しましょう。そして，もし他人があなたに親切だったときを思い出しにくかったら，特定の人やキャラクターが自分に親切なところを想像してみよう」と述べている。慈悲の瞑想の視覚化は，今日，さまざまな自己啓発の分野で使われている（Germer, 2009; Salzberg, 1995を参照）。スピリチュアルな伝統や心理療法での伝統では，対人関係でのイメージ法が，救われたり，親切にされたり，智慧があり支援的な他者に会ったり，コンパッションを受けたりすることに焦点が置かれていることは留意すべきである（Frederick & McNeal, 1999）。

　コンパッションに焦点を当てたエクササイズやイメージ法では，特定の脳の器官，特に親和性や安心感に関する，オキシトシンやエンドルフィンに関する器官を刺激する（本書42-44頁また Longe et al., 2010; Rockliff et al., 2008を参照）。CMT（コンパッション・マインド・トレーニング）の根底は，エクササイズを使って，特定の種類の肯定的な感情（安心，安全などといった感覚を強め，脅威システムを抑えることができる感情）を前面に持ってくることで，生理学的な制御（脳内分泌ホルモンに影響）に関係している（オキシトシンやエンドルフィンは，脅威を処理する扁桃体の活動を抑える）。コンパッションに焦点を当てたエクササイズは主に四つの方法を取る。

（1）**内的なコンパッションのある自己を発展させる**：これらのエクサ
サイズでは思いやりのある自己になる感覚を作り出すことに焦点を当
てる。これは俳優が何らかの役に入るかのようにするのである。

（2）**コンパッションがあなたから他者へと流れ出る**：これらのエクサ
サイズでは，私たちの心を他者への思いやりのある感情で溢れさせる
ことに集中する。

（3）**コンパッションがあなたの中に流れてくる**：これらのエクササイ
ズでは，私たちの心を他者の親切さへ開放することに焦点を当てる。
つまり，心をオープンにすることで，他者の親切さに反応する脳の器
官を刺激することができるのだ。

（4）**あなた自身へのコンパッション**：自分への思いやりと関連する感
情，思考，経験を発展させる。人生はしばしば困難であり，自分への
思いやりを作ることは，特に私たちの感情を処理するのに，非常に役
に立つ。

コンパッションには数々の**特徴**と鍵となる**スキル**を伴うことを思い出して
ほしい。たとえば，コンパッションのある態度で他者と接したり，コンパッ
ションのある考え方を実践したり，コンパッションの感情を作り出したとす
る（本書第16章；Gilbert, 2009a, pp. 191-210を参照）。これらはゴルフやピアノ
のように，練習をすることで高められる。

私たちは何かに不安や恐れを感じるときや，怒りを感じているとき，特定
の志向，イメージ，感情のサイクルに陥りやすい，というのが基本としてあ
る。だから，そうした脅威システムを抑える状態を作る練習をすると有効な
のである。クライエントは以下のことを学ぶ。

- 感情を避けようとしたり，耐え難いもの，圧倒されるようなもの，怖
いものとして扱ったりするのではなくて，ありのまま受け入れる（た
とえば，元型〈archetype〉に見られるような）。
- 感情に対してコンパッションを持ち，（批判ではなく）理解しようと
努め，個人攻撃されていると感じることや，恥だと捉えることをやめ
る（自分だけではないことを知る）。もし脅威を感じたら，コンパッ

ションに集中する。

- 役に立たない自己批判を認識し，自己へのコンパッションに再度，集中する。
- 役に立たない頭の中での反芻を認識し，コンパッションへの集中と実践に置き換える。

　コンパッションに焦点を当てたエクササイズは，健康や幸せに役立つ感情や感覚へと意図的に自分自身を向けさせるために，自分の焦点を変えたり，コントロールしたりする方法なのである。

コンパッションのある自己を開発する

第 **21** 章

私たちの中のさまざまなパーツ

　私たちは基本的にはパターンを作る習性があり（Gilbert, 2009a），さまざまな脳内活動のパターンを作ることができ，これらを自己の異なるパーツ（部分）だと認識することは重要である（本書第4章を参照）。怒りによって現れるパターンは，怒りの「パート」または怒りの「自己」と呼ぶことができる。怒りのパートは特定の方法で考え，感じ，行動する。この他に，不安なパターンや，「恋に落ちる」パターン，「恋が冷める」パターンに集中することもある。私たちの中には幾多のパターンがある。コンパッションのある自己やパターンを発展させることは，「心の多様性」を扱う鍵であり，もちろん，不快で，難しく，心が痛むようなパートを扱う際にも大事なことである。コンパッションは怒りや不安を抑える資質があり，同時に，それらに面と向かい，耐え，適切な行動を取る勇気を養ってくれる。

　コンパッションのある自分自身を開発するエクササイズはたくさんあり，どれから始めたらよいかは人によって異なる。それは試してみないとわからない。しかし，始めるのに適したものとしては（特に虐待を受けたりして，他人が自分に対してコンパッションをもっているのが想像しにくい人にとって），コンパッションのある人になるという感覚を磨くことに焦点を当てることだと言える。

　これをするにはさまざまな方法があり，こうしたテクニックを使うさまざまな伝統がある。たとえば，仏教の一派では多くの自己の種は「自分自身」の中にあり，その種をどのように育むかが大事だと説く。もしあなたが音楽家になりたいのなら，楽器を練習するだろうし，ドライバーになりたけれ

ば，車の運転を練習するだろう。しかし，多くの場合，私たちは，無防備に環境によって「心を形取られている」。つまり，私たちが生きている社会的な環境にただ反応し，準じているということになる。しかし，私たちは私たちが持つ他の部分も**耕す**ことを選択することもできる。したがって，大事なことは，何を練習するか，自分の中での何／誰になりたいのかを考えるということだ。一般的には，私たちが意図的に特定の人になる練習をできると思わないだろうが，その方法を理解し，時間をとれば，それは可能となる。

コンパッションのある自己を想像する

イメージ法を使ってストレスに対処することや，ストレスがかかる出来事に対して準備するというのは，長年人類がしてきたことである。たとえば，未来の何かストレスのかかる出来事を想像して，それをうまく処理したところを想像して，快く感じるといった練習をした人も多いと思う。コンパッションのイメージ法は，それの発展版だと思ってもらうとよい。コンパッションのイメージ法では，その過程の中で，複数のポジティブな感情制御があることを明確に理解している。もう一つのアプローチとして**演技法**がある（Gilbert, 2009a）。しかしここで大事なのは，特定の自己やアイデンティティを想像することである。どのような自分になろうとするかが，私たちの健康や人間関係に影響し，自己中心的なアイデンティティよりもコンパッションを持ったアイデンティティのほうがより良い結果に繋がるという実験結果はよく紹介されている（Crocker & Canevello, 2008）。ここに特定の人になるガイダンスを提供する。

ガイダンス

もしあなたが俳優ならば，演じる役の特徴に目を配っているでしょう。怒った役かもしれないし，落ち込んだ役，不安な役，または，ハッピーで，楽しそうな「ジェームズ・ボンド」または「ジェーン・ボンド」かもしれないし，もちろん，コンパッションのある役かもしれません。そこであなたは特定の感情，考え方，動機を自分の中に作り上げ，その役で**あろう**と，またはその役になろうとします。つまり，自分の中

からその役を表すのです。そのためにその役がどんな考え方をするの
か，どのように世界を見ているのか，声のトーンや姿勢，振る舞い方，
どのような口調で，どういった言葉遣いをするのかに注意を向けるで
しょう。ここでは，思いやりのある役を演じてみましょう。この役を養
い，育てることには非常に大きなメリットがあります。

　コンパッションのある役の特徴を考えてみましょう。ここに四つの特
徴を挙げます。

（1）個人的な経験，精神的な成熟度，物事の本質や人生の難しさを理
　　解することから生じる「智慧」。コンパッションのある自己は，私た
　　ちは皆，自分で設計したわけでもない脳を持ち，自分が選んだわけで
　　もない幼少体験を持ち，つまり，「偶然この人生に存在する」という
　　ことを理解しています。私たちは皆，幸せを見つけ，苦を避けようと
　　努めます。私たちはときに，混沌とし，気持ちや思考の葛藤を生む心
　　を持っています。したがって，これらのことを理解することから智慧
　　が生まれます。
（2）不屈の精神や勇気に見られる「強さ」。精神的な成熟度，そして，
　　自律性という感覚に焦点を当てます。あなた自身が冷静で自信にあふ
　　れていて，自律性を持っているところを想像してください。
（3）広大な「温かさとやさしさ」。
（4）責めたり，批判的な（自己）判断をしたりせず，助けたり，変え
　　たりしようという「責任感（と願望）」。

　ここで役に立つのが，**あなたの智慧によって成熟したコンパッション
のあるやり方で，あなた自身が，より大きく，支配的で力強くしている
かのようにあなた自身が拡張していることをイメージすること**です。自
分自身が少し精神的に大人になって見えるかもしれません。これら四つ
の特徴をそれぞれ想像し，また，それらすべてが自分に身についたとこ
ろを想像し，それがどう感じられるか体感してみましょう。これらを実
践してみましょう。

- 何にも邪魔されず，静かに座れる場所を見つけて，いやしの呼吸のリズムに集中します。体に（わずかでも）落ち着きを感じ，エクササイズの準備ができていると感じたら，**あなた自身が**非常にコンパッションに溢れた人だと想像してみましょう。
- コンパッションに溢れた人として，あなたが理想的に持っていたいとするすべての資質は何か考えてみる。それらについて次のことに，取り組んでいきましょう。
- 「コンパッションに溢れた人」になりたいという欲求に注意を向け，思いやりを持って考え，行動し，感じている。次に，先ほどの四つの資質を自分が持っていると想像してください。落ち着きがあり，知恵を持っている自分を想像します（少し間を置く）。人生の苦難を耐える能力に対してより気づくようになっている自分を想像します（少し間を置く）。より温かく，やさしくなっている自分を想像します（少し間を置く）。責め，咎(とが)めるのではなく，苦痛を和らげ，変化や「繁栄（flourishing）」へと導きたいと思っている自分を想像します。
- コンパッションの表情を顔に作る。微笑みであったり，自分がこうだと思う表情でよいです。
- 自分自身が大きくなり，より強く，成熟し，智慧があり，自己決定できる人となっているところを想像します。
- この部分を前面に出すとどのように感じるか，注意を払ってみます。
- この壮大感と温かさを，少し時間を置いて感じます。
- この状態で，あなたはどのような態度や言葉遣い，トーンで物事を話し，行動をするか，１分ほど考えてみます。
- 親切にできることで，あなたはどのような喜びを感じるのか，１分ほど考えてみます。

　大事なことは，**これらの資質が自分に伴っているかどうかではなく**，ただ持っていると想像することです。心の中でそれらがあると想像して，ゆっくりと，一歩一歩確実に，そして，力強くこのエクササイズをしてください。それぞれの資質が体で感じられる違いに気づくかもしれません。また，集中が散漫になると，それぞれの過程での体験が弱いも

のになるかもしれません。しかし，それもよくあることです。ピアノの練習と同じように，最初はぎこちないかもしれないので，定期的に練習をすることが大事です。

【最高の自分】
　コンパッションのある自己を練習するもう一つの方法は，あなたがコンパッションに溢れていたときを思い起こすことです。つまり，落ち着いていて，智慧があり，助けたいと思っている自分です。このようなコンパッションのある自己のことを「最高の自分」だとして，内的な落ち着きを持ち，支援的な声で話している自分を想像してみましょう。このエクササイズをするとき，思いやりのある表情を浮かべてください。誰かが気を悪くしている記憶だと，そこに焦点を持っていかれる可能性があるので，好ましくありません。このエクサイズの主眼は，**人をサポートしたいと思う心**やあなたのやさしさに焦点を当てることです。

【布団の中のコンパッション】
　理想的には，「コンパッションのある自己になること」を毎日練習してください。もし忙しすぎて難しいなら，「布団の中の思いやり」と呼ばれるこのエクササイズをしてください。朝起きて，まだ布団の中にいる段階で，コンパッションのある自分を想像してください。コンパッションのある表情をして，智慧とコンパッションがある人になりたいという**本当の欲求**に注意を向けるのです。あなたの中には，知恵と強さという資質がありますが，それらの資質のための時間を設けてあげる必要があるのです。1日たった2分でも，毎日練習すれば，効果は現れます。バス停にいるときやお風呂に入っているときにでも練習ができます。つまるところ，私たちはどれだけお風呂にゆっくりと浸かるだろうかということです。大抵，頭の中ではさまざまなことを考えていて，しなければいけないことや，不安なことに気が向いているでしょう。それではリラックスはできません。そんなときは，より長い時間，エクササイズをするのもよいですし，また，別の場所でエクササイズするのもよいでしょう。気がついたら，また，暇があったら，いやしの呼吸をし

て，知恵があり，コンパッションに溢れ，落ち着き，成熟した自己を想像しましょう。

個人練習とコンパッション思考（の例）の重要性

近年，特にわかってきたことだが，セラピストが，自分が施す療法を，自分で実践することによって，セラピスト自身にプラスとなる（Bennett-Levy & Thwaites, 2007）。CFT ではこれを強く推奨し，CFT セラピストには，マインドフルネスとコンパッションのある自分に集中すること，そして瞑想をできる限り実践することを薦めている。また，セラピスト自身の苦難に対しても，コンパッションの実践を薦めている。以下に，自分に対して使える思いやりの考え方の例を紹介する。たとえば，あなたがクライエントとの間で難しいことがあり，不安や自己批判をしているとして，以下を見てほしい。これらの代替思考ができると思ってほしい。

- 複雑な苦難や悲劇を取り扱うわけだから，クライエントの間で難しいことが起きるのは理解できることである（承認）
- 多くのセラピストが，クライエントとの間に難しい問題を抱えている（共通した人間性）
- 非常に良いクライエントとの関係性を思い出すことができる（特定の記憶の想起，焦点の切り替え）
- これらの不安や懸念事項を許容することを習得するのは私にとって大事である（何が成長の課題であるか考える）
- 自分が苦労しているときに，他人に話を聞いてもらったり，アドバイスや助けを求めたりすることは，私にとって大切だ（助けられることに対して心をオープンにし，苦難があることへの恥を持たず，助けを求めるという思いやりのある行動を取る）。

これらの考え方を読んで，どれだけ自分にとって役に立つかを評価してほしい（たとえば 1 ～10点で）。一度，いやしの呼吸を一分ほどして，コンパッションのある自己になってみてほしい。コンパッションのある自己へ

と，自分がなっていくことを感じてほしい。内的な冷静さ，智慧，助けたいという意欲，親切さ，温かさ，そして，あなたの声のトーンに，よく注意を払ってほしい。「この自己」にアクセスできたと感じたら，また前述のゴチック体で書かれた考え方を，次はより**ゆっくり**と，できる限りやさしさと温かさに集中して（内容や論理にはあまり気を取られずに）読んでほしい。これらがどれだけ役に立ちそうか，再度評価してほしい。これら二つの方法があなたの不安な気持ちにどう作用するかを体験してほしい。2回目の方法では，あなたの感情システムを活性化し，前述の代替思考がより体感できたと思う。もしそうだとしたら，あなたはコンパッションを持って，代替思考を読むことから生じる感情の違いに気づけたのかもしれない。

　このエクササイズは，自分でCFTを実践することの大切さを教えてくれる。毎日，コンパッションのある自己になる練習をする。クライエントと会う前にするとよいだろう。また，この次に誰かとの葛藤を経験したときに使ってもよいだろう。いやしの呼吸のリズムを数分（またはもっと）して，コンパッションのある自己になることに集中をして，コンパッションのある態度，物の考え方，行動の仕方とはどういったものか考えてみよう。このエクササイズがあなたのネガティブな反芻を停止させるだろう。ここで紹介したすべてのエクササイズは，自己実践に使えるのだ。

第22章 コンパッション・チェアワーク

　多くのセラピストが椅子を使って，クライエントの異なる「パーツ」から生じるさまざまな感情や思考を扱う。たとえば，単純に怒りの感情にアクセスし，表現するための怒りの椅子があったり，不安な気持ちや考えを表現する不安の椅子を用意したりする。自分を批判するための椅子を用いて，自分を批判することもできる。ときには，レズリー・グリーンバーグが開発したような，異なる椅子の間で移動をして，異なるパーツ同士で会話をさせることもある（Elliott et al., 2003; Greenberg et al., 1993; Whelton & Greenberg, 2005）。

　CFT ではたくさん，椅子を使ったワークをするが，大事なポイントは，コンパッションの椅子を用いて，コンパッションのある自己が持つ感情，寛容さ，見識，強さを**築いていく**ということである（Gilbert, 2000a）。だからもし自己批判的なパーツに取り組むのであれば，別の椅子を，自己批判的な椅子の対面に思いやりの椅子として置いて，誰かにそこに（概説したように）コンパッションのある人として座ってもらって，自己批判的なパーツに接してもらうとよいだろう。基本的な CBT では，自分の思考のバランスを保ち，そこから椅子を行き来して，怒りや自己批判に接していく。CFT では，怒りや不安，自己批判的なパーツに対して，コンパッションを持って**助けたいと思う気持ち**を育むことが重要である。

　だから，クライエントと，自己の異なるパーツについて少し時間をとって，それらの異なるパーツがあるのは自然だという話をし，セラピーでは成長や変化，いやしをもたらすそれらのパーツ（たとえば，コンパッションのある自己）を強化していく，というような話をするとよい。そして，そのために協働的に取り組んでいくことを確認するとよいだろう。もし，クライエントとの間で同意が取れたら，どのような椅子を用いて，どの役割をするのかを考えよう。まずはクライエントが取り組みたい「パーツになる」ことか

ら始める。そのパーツ（たとえば，怒り，不安，自己批判，悲しみ）を強く感じた過去の記憶を思い起こしてもらい，感情や身体感覚を再起してもらう。最初はあまり深刻ではないものを扱い，慣れてくるに応じて，より深刻なものを扱うようにするとよいだろう。

　次に，クライエントに対面の椅子に入ってもらう。その前に少し周りを歩いて，当初のパーツから完全に抜け出して，そして，思いやりの自己へと入っていく。まだ会話を始めたり，感情を表現したりする必要はない。思いやりの椅子に座って，マインドフルに一つひとつの体験に気づきながら，いやしの呼吸のリズムをする。以下のようなガイダンスをゆっくりと間を置いてするとよいだろう。

ガイダンス

　　コンパッションの椅子に座って，いやしの呼吸のリズムをして，体がゆっくりとするのを感じます。そして，「最高の自分」になることに焦点を当てます。……あなたがより落ち着いていて，智慧があり，親切だったときかもしれません。……コンパッションのある人として，理想的に持っていたい性質を想像してください。……これらの資質について考えることで，これらの資質をより感じることができます。そこに注意を向けます。……思いやりのある表情を作ることもできます。……そこに座ったら，落ち着いて，穏やかに，あなたが，智慧，精神的な成熟さ，自律性，そして，強さを持っているところをイメージしてみてください。……ゆっくりとしたいやしの呼吸で，体も落ち着いてきたら，あなたがコンパッションのある自己になっていくのを感じてみます。

　コンパッションのある自己に触れたと感じたら，少し時間をとって，怒り，不安，悲しみ，または，自己批判のパーツへの**コンパッションをただ感じてほしい（自己批判のパーツが，虐待者の声ではないことを確認しておこう）**。もしクライエントが，怒りや自己批判の力によって，他方の椅子に引きずられそうになったら，その椅子との繋がりを妨げ，「コンパッションのある自己になること」に再び焦点を当てる（段階的エクスポージャー療法と同じ要領である）。焦点は**コンパッションのある自己を築く**ことで，自分の

中にある他のパーツに働きかけることである。

　怒りや自己批判などのパーツに対して，コンパッションを送った前述のエクササイズを，少し時間を置いて振り返ってみてほしい。怒りや自己批判といったパーツに対して，コンパッションを持って接したら，どのような感じがしただろうか。そのとき，コンパッションのある自己は次のように考えるかもしれない。「何がこの『パーツ』を怒らせて／批判的にさせているのだろうか。コンパッションのある自己として，何を言い，してあげたいだろうか。怒りや自己批判のパーツがいやされて，脅かされていないところを想像してみてほしい。このとき，あなたはどう感じるだろう。また，これはあなたにどのように役立つだろう」（ここで少し止めて，クライエントの注意が散漫になっていれば，再び焦点を戻して，前述のガイダンスを繰り返してほしい）。「これらの部分が必要な分だけ思いやりを受け取ったらどうなるか想像してください。脅威がなくなったところを想像してください」。

　コンパッションに集中してほしい。親のように，智慧があり，成熟していて，決定権と内的な強さを持つ。CMT は，このような脳の状態を強化することによって，この状態にアクセスしやすくするのが主眼である（Brewin, 2006）。クライエントが**「もっとこのようになりたい」**，つまり，コンパッションがアイデンティティにより組み込まれるのを助けるのである。「私たちは自分が養い，実践しているものになる」という標語を思い出してほしい。「心を鍛える」ということに集中するのである。前述したように（本書98頁），どのような自己になろうとするのかが，私たちの幸せと健康，また，人間関係に影響することを示す証拠がいくつもある（Crocker & Canevello, 2008）。

　コンパッションのワークでは，脅威システムの怒り，不安，自己批判に対抗する手段として，常にこのコンパッションのある自己を築き上げることに焦点を当てる。クライエントが，ネガティブな感情に対してより耐性がつき，コンパッションのある声や感情，思考をより思い起こせるようになっていくことに気づくだろう。

　コンパッションのある自己は，これら他のパーツを「取り除い」たり，「抑えつけ」たりするのではなく，それらを大事な「声」だと認識し，一緒にコンパッションを持って協働する。しかし，大事な例外があり，それは内

的な批判が「過去の虐待者の声」だと感じられるときである。このとき，その声は「自己ではない」と明確にして，自分から去るように導き，断固とした態度で（アサーティブに）処理すべきである。そのためにエンプティ・チェアやトラウマの書き直しなど，クライエントがベストだと思う手法を使う。本書では，趣旨が少し異なるため，これについて詳しく書くことはできないが，これらの内在化された「声」に関する文献はたくさんある（Ogden et al., 2006）。

第**23**章 | コンパッションのある自己に焦点を当てる

問題のある自分のパーツ（問題のある脳のパターン）に対して，コンパッションを持って接する大事な方法は，イメージ法である。これは少し練習をすれば，より自分の思いやりのあるパーツに**焦点を当てる**ことができる。

ガイダンス

あなたが何か不安に思っていることを挙げてください。静かに座って，呼吸に意識を向けて，自分自身がコンパッションのある人であると想像してください。その感覚が体の中で広がったら，不安を感じている自分自身が目の前にいると想像します。不安な自己の表情を見てみましょう。どんな感覚を不安な自己は感じているか観察してみましょう。そして，座ったままの状態で思いやりを感じ，その不安な自己に対して，コンパッションの感情を送ってみてください。不安な自己を思いやりと不安への理解で包むようにしてください。この段階で，あなたはコンパッションと不安への理解を体感することだけに集中します。できる限りのコンパッションと理解を，不安な自己が必要とする分だけ与えてください。そして，不安な自己が，これらの理解とサポートを十分に受け取ったとき，何が起きるか想像してみてください。

興味深いことに私の同僚であるスコットランドのホーリー・アイランド仏教センターに属するフェイ・アダムスは，私にある書籍を送ってくれた。その書籍を読んでわかったことだが，興味深いことに，このエクササイズは，11世紀に活躍した女性の仏教師，マチグ・ラブドロン（1055-1145）が考案したアプローチとそれほど異ならなかったのだ！ 彼女は，人が自分の体を美酒に変えて，自らの内なる悪魔（問題，または，問題のあるパーツ）に飲ま

せているというイメージ法を提唱していた（Allione, 2008）。

　椅子を使ったエクササイズと同じように，もしより不安を感じた場合は，イメージするのをやめて，呼吸，そして，「智慧のある，強いコンパッションのある自己が身体の中に広がる感覚（つまり，前述した『最高の自分』）」に再び意識を向けてもらいたい。そしてその自己と繋がることができたら，再度，不安な自己（または他の問題となっている自己・パーツ）と向き合ってほしい。そうすると，穏やかに，そしてやさしく，不安な自己を許容し，受け入れ，コンパッションを持つことができるだろう。そして，そのとき，不安な自己がどうなっているかを想像してほしい。変わっているかもしれないし，遠くに行っているかもしれないし，このとき，感覚的に正しいと思うものに気づいてほしい。

　また，ここからさらに前述のコンパッションエクササイズを継続することもできる。たとえば，不安な自己を呼び起こし，その不安な自己をコンパッションを持ってみてみる。しかし，そこでは不安から抜け出し，そのことを誇りに感じている自分を想像してほしい。ここで何が役に立ち，次回するときには何を修正したいかを記録する。セラピストは，コンパッションのある自己に，不安な自己（自分が不安を感じていないときも含めて）に対して何が言いたいかを考えてもらうこともできる。コンパッションの自己という目を通して，問題のある自己と向かい合い，それを経験，処理し，そして，そこから回復することは，非常に有効である。今後また不安になることがあれば，この経験を思い出し，また，コンパッションの自己へと意識を向けることもできる。

　批判的な自己に対処したいのであれば，（以前も注意したように）「コンパッションのある自己」に意識を向ける前に，批判的な自己に焦点を当てすぎ，批判的な自己が「愚痴」を言いすぎないようにしよう。なぜなら**コンパッションのある自己パターンを作る**ことが大事だからである。この感覚に慣れてほしい。批判的な自己に取り組むときは，その背後にはどのような脅威があるのか（拒否される怖さ，他人の期待に答えられない怖さなど）をコンパッションの自己に考えてもらうことが有効だ。そして，その背後にある脅威に対して，コンパッションを向けよう。

　この批判的な自己の「声」が，その人の過去において，その人の心を傷つ

けた人と同じように聞こえるというクライエントも出てくるだろう。それは母親の声や父親の声が頭の中でするという形をとるかもしれない。ここでのコンパッションのある行動とは，そうしたあなたへの批判は，コンパッションを欠いた人からきているということ，そして，それらの心を傷つけるような言葉や行動はそのクライエントにとって何も良いことがないということに気づくことだ。もしそのクライエントが子どものことを好きなのならば，その子どもにそうした言動を取るだろうか。取りたくないなら，どのような言動を**取りたい**だろうか。そうすることで，クライエントは自分が子どもの頃に，そうした言葉を聞いて，傷つき，それを内在化したことに気づくだろう。しかし，今はコンパッションの自己があるので，それらの言動は不適切であり，同じような内在化のプロセスは取りたくないと気づくだろう。ときに，コンパッションのある自己は，虐待的で，不親切であった人に対して，非常にアサーティブにもなれるのである。このような状況では，前述の椅子を使ったエクササイズをするか，想像の中で，この人物を思い浮かべ，アサーティブな感情を言葉にしてみよう（Hackmann, 2005）。

書き直し

　コンパッションのある自己を生み出す経験を何度かすると，それが感情処理システムや社会性のある心を活性化する土台となり，書き直しのプロセスに活用することができる（たとえば，Brewin et al., 2009; Wheatley et al., 2007）。たとえば，誰かが過去の嫌な記憶と向き合おうとしているとする。まずはコンパッションの自己を作り，その記憶をその視点から見てみる。そのシーンを見ているあいだ，コンパッションのある自己を維持する（セラピストはこの人の呼吸や表情を観察する）。そしてそのシーンが展開していくのをイメージするコンパッションの自己によって，新たなシーン（たとえば，あなたを助けようとする支援者など）がもたらされ，新しいエンディングが決定される。コンパッションのある自己は，記憶の中の自己に対して必要なサポートを与えることができる。また，コンパッションのある自己によって，最も素晴らしいエンディングを作り出すこともできる（Brewin et al., 2009）。コンパッションのある自己は，この記憶の作用を調整することができる（し

たがって，そうしたことをする自身の力に気づいている）。同時にセラピストは，クライエントを落ち着かせる，いやしのメンターとして，やさしく穏やかにクライエントに話しかける。クライエントが安全だと感じるように，記憶に意識を払ったり，コンパッションのある自己に戻ってきたりする。こうすることで，コンパッションのある自己を通して，新たなタイプのメンタライジングの能力をもたらすことになる。

コンパッションのある集中とメンタライジング

　第4章では，メンタライジングの力と能力の重要性について話した。（研究結果を待たないといけないが）コンパッションのある自己を育て，困難なことに取り組むことは（たとえば，椅子を使ったエクササイズやイメージ法などを通して），メンタライジングの力を促進する可能性がある。理由としては以下が挙がる。

- いやしの呼吸のリズムによって，クライエントを落ち着かせ，身体感覚に焦点を当てている。
- 意図的に注意をコンパッションのある自己に向けているので，不安や，批判的，また怒りなどといった自己や，嫌な記憶からは距離が置けている。つまり，それらを「より安全に」振り返ることができる。
- 特に思いやりを与える心を活性化しているので，共感する能力，助けようとする動機，支えようとする動機が備わっている。
- 不安や怒りといった脅威からできる感情に対抗するような，思いやりのある感情トーンを作ることができる。
- コンパッションのある自己は，特に恥を取り除く。
- 何に注意を向けるかをコントロールしたい人にとっては，コンパッションのある自己は注意に対する新たな焦点の当て方を提供する。
- 自分の中にあるさまざまな側面をコントロールしようとする能力の感度を減じようとしている。つまり，ネガティブな感情に圧倒されそうになったら，注意をコンパッションのある自己に戻し，いやしの呼吸のリズムをすることができる。

- コンパッションのある自己から,「知恵と心からのケア」の基礎となる思考や見識を持つことができ,それがそのあとのプロセスで大事になってくる。
- クライエントの横に座り,クライエントをいやす(愛着)対象のように(もし彼らが望めば)ゆっくりと穏やかに助言することもできる。
- コンパッションのある自己になることについて話をすることで,「より強く,智慧があり,穏やかなコンパッションのある自己」というアイデンティティを融合させるようになる。

　他の理由もあるだろう。たとえば,私たちが恥を被るかもしれないことに,自己批判や自己安心を持って接するとき,脳のパターンに違いが生まれる(Longe et al., 2010)。仏教徒やその思想家がおよそ2500年も言ってきたように,コンパッションは心を変え,統合するのである。

コンパッションの湧出

第**24**章

　他人に対するコンパッションを育むことが，私たちのウェルビーイング（健康と幸せ）に役立つことはさまざまな研究で報告されている（たとえば，Frederickson et al., 2008; Lutz et al., 2008）。ときに人はこのエクササイズが，自分へのコンパッションを育むことよりも簡単だと感じるが，何点か注意すべきことがある。ときに，コンパッションのことを，服従的宥和で，周りに好かれようとして良い人ぶっているものだと思う人がいる。この種の性質は人間誰しも持っていると思うが，大事なのはメンタライジングの能力である。つまり，その人が本当に必要なもの（欲しいものではなく）は何か，また，アサーティブになることや，人間関係の境界線を引くことの難しさ（特に親子関係）に対して，純粋に共感することである。怒りを処理しきれていない人においては，まったく別の問題が起きる。彼らは，コンパッションを持つとは，怒りを**取り除く**ことだとか，怒りを**感じては****コンパッションがない**などと勘違いしているので，思いやりを持つことが難しいと感じる。しかし，コンパッションとは，自分の感情に対して正直に，寛容で，そして理解することである。

　いずれにせよ，コンパッションが他人へと湧き出ることに意識を向けることは非常に役に立つものである。こうした脳システムを刺激するという興味深い試みは，まずは特定の**記憶**に対して行うのがよいだろう。以下にガイダンスを示す。

ガイダンス

　このエクササイズではやさしさやコンパッションがあなたの中から湧き出て他者に入っていくところを想像します。まず静かな場所で座って，呼吸に意識を向けます。準備ができたら，誰か（動物でもよい）に

対してやさしく，いたわりの心を持っていたときのことを思い出してみましょう。その人（または動物）が悩んでいるときを思い出すのはここでは適例とはいえません。なぜなら，あなたはその悩みに気を取られてしまうかもしれないからです。要は，助けたいという気持ちと，やさしさという感情に焦点を当てることです。つまり大事なのは，あなたの行動や意図，そして，そこにある感情です。では，誰か（または動物）に対してコンパッションを持っていたときのことを思い出しましょう。

- 自分がより穏やかで，智慧があり，強く，成熟し，その人を助けられるように拡大していく姿を想像します。
- やさしさの感情を思い出しながら，体の感覚に注意を払います。コンパッションの顔の表情を作ります。
- 体の中で感じられる，温かみや思いやりの広がりに注意を向けます。そして，その人に苦しみから自由になり，花開きますようにという純粋な思いに気づいてください。
- 1分間ほど（またはそれ以上），そのときのあなたの声のトーン，あなたが何を言ったか，あるいは何をしたか，したかったかを考えてみましょう。
- 1分間ほど（またはそれ以上），やさしくなれることに対しての喜びについて考えてみましょう。

　ここで役に立ちたい，親切にしたいという思いや，温かさ，コンパッションが広がる感覚，声のトーン，またあなたの行動や発言に含まれる智慧に注意を払ってみましょう。このエクササイズが終わったら，このエクササイズを通してどのようなことを感じたかを記録しておきましょう。

【コンパッションのある自己を他人に向ける】
　私たちのコンパッションのある自己を少し応用できる段階に来ました。この練習をするときは，静かで誰にも邪魔されない場所と時間を見つけてください。コンパッションのある人になった感覚を，できる限り

作ってみてください。これは比較的しやすいときや，そうでないときがあるかもしれません。ですが少しでもいいので，そのような感覚が感じられたら良いスタートでしょう。あなたにとって大切な人（もしくは動物やオブジェクト）を思い起こしてください（たとえば，伴侶やパートナー，友人，家族）。それが浮かんだら，三つの基礎的な感情や思考に注意を向けてください。

（1）あなたが健康でありますように。
（2）あなたが幸せでありますように。
（3）あなたが苦しみから解放されていますように。

　もう一度言うと，あなたの行動と意図，そして，そこにある願望が大切です。穏やかに，この人，動物，植物に対して思う願望や願いに焦点を当てて，時間をとってみましょう。それらがあなたに対して微笑んでいることや，そうした感情を共有していることを想像しましょう。もし対象が人ではなく，植物ならやりにくいと思われるかもしれませんが，大丈夫です。植物が，あなたのコンパッションを受け取って「幸せ」に感じているところを想像しましょう。「ほかのもの」に対して純粋に思う感情に焦点を当ててみてください。

　心が離れてさまよっても**問題はなく**，感覚にマインドフルでいることを忘れないようにしてください。穏やかに，やさしく，エクササイズに気づきを向け直しましょう。このエクササイズに集中することで出てくる自分自身と自分の身体にある感情に気づくようにしてください。意識レベルで何も起きていないように思えても気にすることはありません。やってみることに意味があるのです。これは違った感情を意識上で気づくようになるまでジムやトレーニングに行って慣れていくことと似ています。しかし，あなたの身体はすぐに反応するでしょう。

この基本エクササイズには，大切な人以外の他者や，知らない人，また特に仲の良くない人に対してコンパッションを湧き立たせるなど，さまざまな

バリエーションがある。これらのエクササイズで大事なことは「私たちは自分で好んで選んだわけでもない脳と社会的条件づけによって，たまたまここにいるだけで，皆幸せを求めていて，誰も苦難を求めていない」ということを心にとどめておくことだ。この種のエクササイズをより知りたければ，Germer（2009），Gilbert（2009a），Ricard（2003）を参照してほしい。

　これらは行動実験であり，あなたはクライエントと協働していて，彼らがどのように感じていて，それがどれだけ役立っているか，彼らのニーズに合っているか，何か変えたいことはないか，何か発展できる方法はないか，などを確認することが大事だ。三つの円（本書38頁）と脳の地図（本書127頁）を参照しよう。

イメージから行動へ

　今回のこの短い本では，イメージ法に焦点を当ててきたが，コンパッションのある行動は非常に重要である。他人に対して親切なことをするのは，私たちにとっても役立つことを示す研究結果はたくさんある。だから，セッションの間で，コンパッションのある行動を他人に対して行うにはどうしたらいいかを考えることにも焦点を当てることができる。たとえば，自分と誰か他人に対して毎日一つ**親切な**行動をするのもいいだろう。また，クライエントが，「従順で良い人」とコンパッションの区別をつけるのを手伝うことも大事だ。なぜならクライエントは**善良でありたい**，人から好かれたいと思い（人間誰しもある程度はそう思うものだが），純粋なコンパッションの行動も取りたいと思うからだ。その人が何を欲しいのかと，何を必要としているのかの区別をつけられるように手助けしよう（たとえば，アルコール中毒者はアルコールがほしいが，それは必要なものではない）。クライエントをサポートしながら，感謝の念を示すことはコンパッションのある行動になり得るし，関係性において境界線を引くことはコンパッションの行動になり得る。したがって，そのクリームケーキを**買わなかったときの**喪失感に対してやさしく，理解を示すことはコンパッションのある行動なのである。

第25章 | コンパッションが自分自身へと流れ入る──記憶の利用

　意識のコントロールという分野において研究が示すところは，私たちはポジティブなものよりも，脅威に意識を向ける傾向があるということである（Baumeister et al., 2001）。人は，怒っていたり無表情な顔の集団の中にある数少ない幸せな顔を見つけるよりも，幸せや無表情の顔の集団の中にある数少ない怒っている顔を見つけるほうが速くできる（Öhman et al., 2001）。認知行動療法のアーロン・ベックがよく指摘していたが，たとえば，私たちが十軒のお店で買い物をして，そのうち，九店では親切な対応を受けたが，一店だけ無礼な対応を受けたとしたら，家に帰ってきて，私たちはその一店について思い返して，他の親切な九店については忘れてしまうだろう。これは私たちの脳が「報酬よりも脅威に対して敏感」になっているから（Baumeister et al., 2001; Gilbert, 1998）であり，この傾向はストレスが溜まっているときや，脳が脅威を感じているときに強まる。したがって，この傾向に対抗したいのであれば，親切にしてくれた他人に焦点を当て直したり，そのことを（どれだけ些細であっても）「じっくり思い返す」練習をしたりする必要がある。このことを境界性パーソナリティ障害を持つクライエントに話したら，彼女は「そんなことはない，彼らはみんな意地悪な人たちだ！」と返した。そういうこともあるが，どれだけ些細なこと（店員さんの笑顔など）でも親切なことに気づく練習を，セッションの外でやることは，非常に有効である。つまり，私たちがよく反芻する内容（脅威または怒り）について注意を払い，それが親切なものでなければ，親切なものに焦点を当てるようにするのだ（図4，本書56頁を参照）。

　これを基本として，先ほどの他人からコンパッションを受け取る経験（人間関係のコンパッション）の次は，コンパッションを自分自身に施すエクササイズである。ここは意外に難しく，本書第29章で述べたような，さまざま

な抵抗や恐怖に遭遇することとなる。誰かがクライエントに対して親切であったり，コンパッションを持ってくれたときの記憶に焦点を当てることがまずは役立つだろう。と言うのも，私たちは脅威や怒りや抑うつを感じると，そうしたことを思い出しにくくなったり，しばしば忘れたりしてしまうからである。たとえば，自分の伴侶やパートナーに対して怒りを感じているとき，彼らの好きなところを考えることは難しい。つまり，人間関係のネガティブなことを反芻するのではなくポジティブな部分を思い起こす能力は，良い人間関係の鍵である。私たちは思いやりが自分自身へと流れ入ることを練習する必要がある。ここに記憶を使ったエクササイズを紹介する。しかし，これらの記憶がほとんどないという人もいるから注意をしてほしい。

ガイダンス

　1分程度，いやしの呼吸のリズムをして体がゆったりとするのを感じます。体が落ち着いてきたら，コンパッションのあるイメージ法をする準備をします。少しずつ，コンパッションで満たされるように姿勢をゆったりとして，コンパッションのある表情を作ります。その感覚があなたを包むように大きくなります。リラックスした姿勢で，かつ少し笑みを浮かべ，穏やかで，やさしい表情です。いろんな表情に浮気したくなるかもしれません。どのような表情が「コンパッションのある表情」として自分にしっくりくるか探ってみるのもいいでしょう。準備ができたら，誰かがあなたに対して親切にしてくれたときを思い出しましょう。

　あなたが何かに心悩ませているときの記憶はそのときの苦悩に注意が行ってしまうので適していません。このエクササイズのポイントは誰かを助けたい気持ちや親切さに注意を向けることです。思い出しながら，やさしい感覚になれるコンパッションのある表情と姿勢を作りましょう。

　あなたに親切にしてくれた人の顔の表情を見てみましょう。やさしい表情を向けてくれたり，笑みを浮かべたり，首をかしげたりするのを想像するとよいかもしれません。次の方法で，その記憶の大事な感覚的な性質に焦点を当ててください。

- この人がどんなことをどのような声の**トーン**で言ったのかに焦点を当てます（1分間ほど）。
- そして，その人の感情，その瞬間何を感じていたのかに焦点を当てます（1分間ほど。もしそうしたい／できるのであれば，より長く）。
- そして，その経験全体に焦点を当てます。その人がどのように親切にしてくれたのか，そして，感謝の気持ちと助けられた喜びに気づきましょう。そして，その助けられる**感謝**と**喜び**が広がるのを感じるのです。できるかぎりコンパッションの表情を維持することを忘れずに。この記憶に数分間浸ってください。準備ができたら，記憶をフェードアウトさせ，エクササイズを終えて何を感じたか記録しましょう。

【記憶を対比させる】
　これらの記憶を思い出すことは何らかの感覚をもたらすだろう。これを実感するには，もしこの人があなたに**不親切**だったらどうかを考えるとよいです。まったく異なる感覚がするでしょう。面白いことに，私たちは心の中で何がおきているかにあまり気を配らないので，脅威に関係するようなこと，たとえば，他人があなたに不親切（と思われたよう）な記憶を反芻したり熟考したりしがちです。つまり私たちは生活の長い時間を脅威に関する記憶に費やしているのです。そうすると，より私たちの役に立つような記憶や脳のパターンを遮断することになります。ここで質問すべきは，以下のことである「あなたは自分の心をどのようにトレーニングしたいだろうか」「心の中にできたパターンの中の，どこに存在したいだろうか」「私たちの意識というスポットライトを，心のどこに当てたいだろうか」。

　感覚の性質にどう焦点を当てるかは非常に大事である。たとえば，イメージと記憶の詳細に入り込んだり，心に留めておくことは有用である。ただ単に他人が親切なこともあると頭で理解するだけでは不十分である。そうした記憶に浸ってみて，記憶が感情に影響するのを感じなければならない。しかし，すべての記憶が役に立ったり，顕著に感情に影響を与えたりするわけではないので，それはやってみて，実際にどうかを体感するしかない。

第26章 コンパッションが自分自身へと流れ入る ──コンパッションのイメージ

　このエクササイズでは，コンパッションが自分自身へと流れ入る感覚をどのように作るのかを見ていこうと思う。このエクササイズもそうだが，実践するにさまざまな抵抗があるだろう（本書第29章を参照）。だから三つの円（本書38頁）と脳の地図（本書127頁）を見て，このエクササイズの重要性と抵抗への対処を考えるとよいだろう。あなたはこの「心の理学療法」に通いながら，抵抗に対処する練習をしてほしい。

　この種のエクササイズは多くのセラピー（Frederick & McNeal, 1999）やスピリチュアルな伝統（Leighton, 2003）において使われてきた。たとえば，仏教では仏から思いやりが湧き出てきて，その人の心に流れ入るような瞑想を長い時間かけてする。神の存在を信じる人たちは，神が彼らを愛していると想像する。無神論者であっても，愛されていると想像することで多くのメリットがあると研究が報告している（研究で明らかになった魅力的な知見，Newberg & Waldman, 2007，特に Chapter 9 を参照）。

　一般的な仏教の習慣では，仏を象徴するものが渡され，ときに特定の題目を唱えながら，決まった儀式に従うというトップダウンなアプローチである。私たちは，その人にとってコンパッションとはどういったものかを考えることで，ボトムアップなアプローチを取る。エクササイズでは**理想のコンパッション**のイメージとはどういうものかを考える。「**その人にとって理想的**」なコンパッションのイメージが，このエクササイズでは大事なのである。だからコンパッションを他人から受け取ることで，**その人が**本当に何が欲しいのかを考えることも役に立つだろう。それは守られていることかもしれないし，理解されること，知ってもらうこと，大事だと思ってもらうこと，思いやってもらうことかもしれない。これらに対して何らかの怖さを持っているだろうか。これらに対して，少しバカにして斜に構えていたり，

それらを受け取るなんて無理だと思っていたりするのだろうか。前述したように人は他者からの思いやりを求め（Hrdy, 2009），他者が自分たちを思いやっていると感じるように（Gilbert, 1989, 2007a）進化してきた。だから思いやりのイメージから生じる動機（その人に対する深い思い入れと希望）は非常に大事なのである。

　クライエントが持つコンパッションのイメージにおいて，ギルバートとアイロン（Gilbert & Irons, 2004）は初期の研究で，そうしたイメージ（太陽の光，温かい海，青く広がる茂みや，イエスキリストなど）を描くことの大切さを報告した。肉体的にも精神的にも「温かい」感覚は，一般的にこのようなイメージと関連している。ネグレクトされたり虐待されてきたりした人は，まずは人でないイメージを好むことが多い。しかし徐々に人間が含まれたり，人と関係するものになることが多い。解消されていない恥のために，自分自身とイメージとの間に障壁がある人もいる（クライエントに自分ではわからない性的なまたは攻撃的な幻想があるが，そのことをイメージによって知る；Mayhew & Gilbert, 2008）。ときにこの障壁によってコンパッションのイメージが突如，脅威になったり，心を傷つけたりするかもしれない。それはしばしば幼少時代の記憶に繋がった，必要なときにコンパッションがなくなってしまうという恐怖と関係している。

　そういうときは，コンパッションのあるイメージは，かつての自分たちと同じように悩んでいたが，今は前に進んでいると想像させるのも良い手である（常に当てはまるわけではない）。クライエントはイメージした人の問題を，「スピリチュアルな世界」または「雲の上」からではなく，その内側から理解するのである。私たちはここでもまた「マインドシェアリング」という心理学を利用している（Gilbert, 2007a; Hrdy, 2009; Stern, 2004）。

　このエクササイズをすると，クライエントが，「自分はそれに値しない」と思ったり，自分にはそれができないと思ったり，恐怖を感じたりすることがある。コメディアン，グルーチョ・マルクスのように「私みたいな人にコンパッションを持ってくれる人に，コンパッションを求めない！」と思うかもしれない。脅威システムは「自分へのコンパッション」の感覚を妨げるかもしれない（本書第29章を参照）。しかし恥の概念が強い人にとっては，それはよくあることだから心配はいらない。「できる範囲でいいですから，この

エクササイズをやってみて何が感じられるか見てみましょう。たとえば，ダイエットをしようとしていて，自分にはその価値がないとか，ピアノを弾いていて，自分にはピアノを弾く価値がないなどとは思わないでしょう。心のトレーニングをしているとき，こうしたことを覚えておくとよいです。何かが起きていると感じられなくても，練習すること，そして，前へ進もうとすることに価値があります」とアドバイスしよう。

「理想的で完璧な」自己へのコンパッションのイメージを作る

　このイメージを使ったエクササイズでは，仏教の菩薩の資質を組み込んだ。菩薩は，かつては人間だったが，悟りを得て，大衆の苦しみを慈悲で和らげるために献身した存在である（Leighton, 2003; Vessantara, 1993）。以下は，仏教徒でなくてもできるエクササイズで，現在まだ研究が進んでいるが，特定の脳の部位を刺激するものである（Ji-Woong et al., 2009; Lutz et al., 2008を参照）。

　今や，このエクササイズを開始するために，多くの方法がある。もしクライエントが望むなら，すぐに開始して構わない。一方で，（たとえば，コミットメント，自己への理解など）といったものや，各々の必要と思うものを確立するのに，時間をかけるのを好む人もいる。

ガイダンス

　　まず，いやしの呼吸のリズムとコンパッションのある表情をしてください。安全な場所を思い出して，その場所で聞こえる音や感覚，見えるものを思い出します。ここはあなたの場所で，あなたがここにいることに喜びを感じていると自分に言ってみましょう。ここは今ではあなたがコンパッションのイメージを生み出し出会いたいと願う場所になっているかもしれません。思いやりのイメージが目の前にポッと現れるイメージをしてもよいです。またあなたのほうに近づいてくるかもしれません**（仏教では晴天の空を思い浮かべて，そこからさまざまなイメージが出てきます）。**

このエクササイズはコンパッションのイメージを**作り**, 利用し, 発展させていくためのものです（複数のコンパッションのイメージを持っても構いませんし, それらが時を経て変化することもあるでしょう）。どのようなイメージを選んだにしても, それは**あなたの**創造物であり, 個人的な理想, つまり, あなたが思いやり, 大切にしたいときに本当に望んでいるものであることを覚えておきましょう。しかし, このエクササイズではそのイメージに特定の性質を持たせることが大事です（後述します）。それは人間を超えた存在です。完璧なコンパッションの性質をもち, あなたの期待に応えます。もしあなたのコンパッションのイメージが批判的だったり, 自律性や強さに欠けていたりしたら, それらの性質を改善することに焦点を当てましょう。このエクササイズはあなたに必要な脳の部位を刺激するためのものです。したがって, イメージの中でこれらの「純粋で完璧なコンパッションの資質」を実践することはとても重要です。以下がコンパッションの性質です。

- **深いコミットメント**——あなたの苦痛に対処し和らげ, あなたをいやしたいと思い, 人生にもっと喜びをもたらしたいと思う欲求（他人からの助けたいと思う気持ちを受け取ることは, 人間の進化において鍵となることです）。
- **智慧**——これは三つの源からなります。一つ目は, 「私たちはすべて気がつくとここにいただけ」ということを理解していることです。つまり, 人生に大きな影響を与える脳や幼少体験は, 私たちの選択ではないということです。二つ目は, 自分の生活史を理解し, なぜ安全方略を使用するのか理由を理解していることです。そして, 三つ目は, 智慧は, 人間の苦悩を知らない独立した心ではないということです。それは経験を通じて得たものであり, 私たちが, 人間が経験する苦悩を理解しているのです。私たちは単に「気づけばここにいた」のであり, 自分のベストを尽くしているのです。
- **心の強さ**——あなたの痛みや苦悩を目の前にしてもたじろぐことなく, あなたと共に耐えてくれます。過去の智慧から生まれる自信と力強さを持ちます。

- 温かさ——親切さ，穏やかさ，思いやり，開放性によってもたらされます。
- 受容——批判的なことはまったくなく，あなたの苦難を理解し，あなたをありのままで受け入れます。しかし，同時にあなたをサポートすることにも深くコミットしています。

　これらの性質や感情をすべて覚えられなくても心配する必要はありません。なぜならイメージ法をするときにガイドと共に振り返るからです。

　クライエントが長いあいだ，温かい感情を思い起こそうと挑戦して，特にその感情が彼らにとって概して問題となっているとき，温かい感情を作り出すことにこだわらないように私たちは，「願望」の意図と努力の重要性も強調する。(本書第4章を参照)。大切なのは，エクササイズを通して，それらの事柄を感じたいという思い，集中，意図，願望なのであって，多くの場合，感情は後から付いてくる。

　前述したように，コンパッションのイメージは，深いコミットメントとクライエントの健康と幸せを向上させたいと思う欲求を伴う。つまり，クライエントの願望を考慮する必要がある。たとえば，クライエントが禁煙や禁酒をしたければ，コンパッションのイメージはクライエントのために一緒にそれを求め，そこから，クライエントはコンパッションのイメージが，自分のために禁煙や禁酒を望んでくれていると知ることができる。当たり前のことだが，このコンパッションのイメージはウェルビーイング（健康と幸せ）の促進のためにあり，何かの目的のためにあるのではない。たとえば，拒食症や自殺をサポートすることはない。複雑な症状のクライエントに対しては，これが少し難しい話し合いになり，コンパッションのイメージに思いやりがないように感じられることもあるだろう（Mayhew & Gilbert, 2008）。

　これらの性質は人間の脳の性質であるが，コンパッションのイメージは人間の形を取らなくてもよい。私たちの初期の研究で，しばしばコンパッションのイメージが人間の形をとることはなく，それは木や動物，太陽，ときには山であったりする（Gilbert & Irons, 2004, 2005）。形や対象がどうかは大切

ではなく，そのイメージがあなたに対しての，コンパッションの動機と思いやりの心を持っているかどうかが大事なのである。

　コンパッションのイメージの感覚的な性質について取り組むことが役立つときがあれば，そうでないこともある。CFT の開発初期には，多くの人が難しいと感じるので，イメージの視覚的な要素に多くの時間を費やしていた。スピリチュアルな伝統でも人々は何らかのイメージを与えられてきた。しかし，クライエントの好みによっては，イメージについてさまざまな性質を探ることができる（Gilbert, 2009a, 2009b を参照）。以下がその例である。

イメージ法のエクササイズを記録する

あなたの理想的なコンパッションのイメージはどのような姿をしていますか（視覚的な性質）。
あなたの理想的なコンパッションのイメージはどのような声をしていますか（たとえば，声のトーン）。
そのほかにどのような感覚的な性質がありますか。
その理想的なコンパッションのイメージとどのように関わってもらいたいですか。
その理想的なコンパッションのイメージとどのように関わりたいですか。

　それぞれの質問に対して，コンパッションのイメージの大事な性質（智慧，強さ，温かさ，判断しないこと，本書第16章を参照）を振り返りながら答えることができる。もし何も思い浮かばなければ，**ゆっくりと**呼吸に意識を戻し，コンパッションを持ってそのことを受け入れよう。

　以下が，クライエントがイメージを作るのに役立ちそうな質問である。

- あなたがやさしさや思いやりを感じたり，それを持っているように見えるイメージは老人でしょうか，若者でしょうか，男性でしょうか，

女性でしょうか（または人間以外のもの，動物，海，光でしょうか）。

- 智慧，強さ，温かさ，判断しないといった性質に結びつくのはどのような色や音でしょうか。
- あなたにとって，相手のやさしさや深い関わりを感じるものは何でしょうか。

コンパッションのイメージが，クライエントの苦難からの解放と幸福を**心から求めていること**が大事である。そのイメージは，私たちが気がつくとここにいるだけで，最善を尽くそうとしているのを知っている。人の心というものが難しいもので，感情はときに暴れるが，それは私たちのせいではないと理解してくれている。

ガイダンス

ほかに存在する心が，あなたのことを価値のある存在だと思い，無条件にサポートしている感覚を体験する練習をします。あなたの理想的なコンパッションが大きな温かい心で見てくれていると想像しましょう。次にあるようなことを心から望んでいることを想像します。

- あなたが健康でありますように
- あなたが幸せでありますように
- あなたが苦しみから解放されますように

このエクササイズの鍵は，イメージの明瞭さ**ではありません。** あるクライエントはまったく明瞭に見えないということもあるでしょう。このエクササイズでも大事なことは，コンパッションのある願いが自分の中に入ってくる感覚を練習することです。ここではもう一つの心があなたの幸福を願っていることを練習します。

「もっと現実的なものに，自分のことを思ってほしい」と思う人がいます。それはもっともであり，このエクササイズで悲しい思いをする人もいます。それは，あなたの直感的な智慧が，あなたの繋がりを求める

願望を認識したからでしょう。ここでは，あなたのあなた自身に対する態度，特に，恥や自己批判といった感覚に取り組むことを忘れないでください。自己批判ではなく，自己へのコンパッションを徐々に学べるので，実際にあなたに対して思いやりを向けてくれる人を見つけたら理想的ですが，思いやりを自分自身の中で作り出すこともまた理想的です。ですので，コンパッションと自己批判の「二者択一」状況とは考えないようにしましょう。そして自分に与えるコンパッションと，自分が他人から受け取りたいコンパッションには違いがあると認識しましょう。

理解され，知ってもらう

　コンパッションのイメージが，人間として生きることや人生の複雑さや難しさを理解していると想像することができる。私たちが感じること，行うこと，イメージすることは，ほかの人間がある時点で行っていないことは何もない（同じように経験している）。なぜなら，私たちが行っていることは私たちの脳のデザインによるものだからだ。コンパッションのイメージは，私たちが選んだわけでもない脳のデザインを持ちながら，私たちが生きていることを知っている。そして，智慧と理解力を基に，その人を完全に受け入れることができ，その人の困難からの解放と幸福を願っている。

　「自分が持つ悪い感情や思考のことを，コンパッションのイメージが知っていたのであれば，自分に対してコンパッションを持ってくれないのではないか」と心配するクライエントがいるので，コンパッションのイメージが私たちを大切に思ってくれていると理解することは重要である。コンパッションは，「にわかファン」ではない。コンパッションは苦難や困難にあるときに重要な存在になる。良いことにだけコンパッションがあるのは，コンパッションがあるとはいえない。これは「許し」ということに関連する。許しについては近年，たくさんの文献が出ているが，CFTの主要ポイントとは重ならないので，ここでは深くは述べないことにする。

イメージから行動へ

　前述したように，コンパッションのイメージに焦点を当ててきたが，同時に，自分への思いやりの行動についても話してきた。これは単に，スパに行ったり，高級グルメを食べたりなどと「自分に良いことをする（それらがコンパッションの行動であることもあるが）」と言っているのではない。コンパッションのある行動とは，自分が幸福であるためには何をする必要があるかを考え，時に困難で複雑なことに面と向かうことも含まれる。したがって，クライエントとセラピストで，コンパッションのある行動とは何かを一緒に考えることが有効である。クライエントが，苦難に取り組むことがコンパッションのある行動であることもあると理解すると，動機にもプラスに影響する。あるクライエントは，恋人との関係を終わらせる必要があると気づいた。そこでもっともコンパッションのある行動はその問題に向き合い，罪悪感に対処することである。「コンパッションはコミットメントを助ける」とACT（アクセプタンス・コミットメント・セラピー）では言われている。

コンパッション・レターを書く

第**27**章

　これは，その有効性が最近よく報告されている，表現的ライティングを使う（Pennebaker, 1997）。自分自身に対して何かを書くことは，困難な体験を消化するので，さまざまな方法で利用できる。コンパッションの観点から自分自身に対して手紙を書くとき，クライエントはコンパッションのイメージ（像）の声を想像して，その声のメッセージを書き留めることもできるし，コンパッションのある自己になり，そこから手紙を書くこともできる。また，仲の良い友人が自分に手紙を書いていると想像してもよいし，自分がそんな友人になんと言いたいかを想像してもよい。前述したように，行動面での実験だと考えてほしい。このエクササイズは，対象となる人物（ここでは自分）に対して有効なトーンはどういったものかを探るといった心算でやってみてほしい。「セラピーセッションの一環として」するのもよいだろうし，セッション外でするのもよいだろう。また何らかのトレーニングの冒頭でするのもよいだろう。多くの参加者がコンパッションのある手紙を書けないかもしれない。そうであればいかにコンパッションのある手紙が書けるか考えてもらおう。その手紙を以下の観点から検討するとよいだろう。

- ・純粋な思いやりの心を表現しているか。
- ・その人の悩みや欲求を考慮しているか。
- ・その人の悩みに対して共感的であるか。
- ・その人の感情に対してよりマインドフルに，そして，寛容になるのに役立つか。
- ・その人の感情，困難，ジレンマをより理解するのに役立つものか振り返る。
- ・批判的／叱責的でないか。

・純粋な温かさ，理解，そして，いたわりが一貫して表現されているか。
・その人が前進するために必要と思われる行動について考えるのに役立つか。

　自分への手紙を書くうえで重要なのは，**単に困難な感情に焦点を当てるだけではなくて**，感情や思考を俯瞰して見て，共感的に振り返ることで，コンパッションとバランスを持って感情と思考と付き合うことができることである。つまり，「アドバイス」や「すべきこと」を伝えるものではないということだ。これについての詳細は Gilbert（2009a, 2009b）を参照してほしい。

第28章 コンパッションとウェルビーイングを促進する

　マーティン・セリグマンの強みと美徳というポジティブ心理学の概念（Peterson & Seligman, 2004）に刺激され，臨床に携わる人たちは，クライエントを助けるときに，単に彼らの不安や問題のある行動に対処するだけではなく，クライエントのウェルビーイング（well-being）を強化することも必要だと認識されるようになった。このポジティブ心理学的なアプローチはさまざまなセラピーに組み込まれている（Synder & Ingram, 2006）。ウェルビーイングは，人生の目的を持ち，コントロールしている感覚，他人に良い影響を与えられるという感覚，他人や人生の小さいことに感謝ができる感覚などといった幅広いウェルビーイングに関連している。もし科学が今後も，ウェルビーイングの最も重要な要素が，愛し愛され，思いやり思いやりを受ける能力だと証明し続けたら，これからの心理療法やトレーニングは（それがカウンセリングセンターであれ，学校であれ，職場であれ）その要素に注力するだろう。

　したがって，コンパッションとは，その人の社会に合ったウェルビーイングの**特徴**と**スキル**を認識しながら，それらを促進することだと捉えることもできる。図12はシンプルなモデルである。まず，私たちは自分と他人のウェルビーイングに向けて動機づけられ，思いやりを向けることや満足感を向けることにオープンになる。そして，私たちは欲しいものなどではなく，長期間にわたって元気になったり幸せを感じるために必要なものについて考えことができる。アルコール中毒者はもっとお酒を飲みたいが，それは彼らが必要とするものではない。もっとお金がほしいという人もいるだろうが，それが必ずしも健康と幸せに良いわけではない。私たちはそうした物事に対して，すぐに当たり前だと思って，さらに多くを求めてしまうが，感謝することを学ぶこともできる。宝くじに当たった人が，数カ月後にまたさらにお金

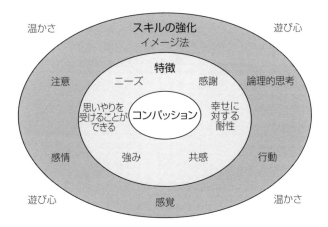

図12　ポジティブさと親和的感情を促進するための複数レベル（multimodal）でのコンパッション・マインド・トレーニング（CMT）

を求めているのはよくあることだ。

　幸せに対する耐性が重要となる人もいる。本書第29章にもあるように幸せやポジティブな感情に対して恐怖を抱いている人もいるからだ。私たちは，ウェルビーイング，そしてそれに注目する重要性について，共感し理解しなければいけない。最後に，コンパッションのフレームワークの中で私たちの強みを活かすことを学ぶべきだ。特定の強みを活かして狙撃手や詐欺師になる人もいるが，それは薦められるものではない。

　クライアントに対して，単に「精神病の一例」として対処するのではなく，彼らがいかに自分を，また社会をより良くしていけるかについて考えるのを助けることは非常に重要である。私たちは，たくさんのバージョンの自分があるなかで，一時にはただ一つのバージョンにしかなることができないが，いつでも練習すれば他のバージョンにもなることができることを覚えておいてほしい。これらすべての心理療法的なアプローチは，私たちのセラピーの効果を高めるのに役立っているのである。

コンパッションへの恐怖

第**29**章

　人はうつ状態にあるとき，何もポジティブなことをする気が起きず，たとえそれが役立つと知っていてもしようと思わない。不安症の人は，旅行をしたり，新たな相手を求めてデートをしたり，ワクワクするような仕事をしたいとは思うものの，恐れて行動に出ない。興奮や，恐怖（自己防衛）システムは，ポジティブな感情や自己改善に役立つような活動を阻止する。たとえ何らかの行動がポジティブな結果をもたらすとわかっていても，その行動が怖いと感じることがあり得る。このようなとき，うつのクライエントであれば，何らかの行動に没頭することを薦め，不安症のクライエントであればその不安感に耐えるようにサポートすると非常によいだろう。

　コンパッション・フォーカスト・セラピーにおいて，まだあまり研究がされていないが，近年重要視されてきているものとして，**ポジティブ感情への恐怖**がある。これを理解するには二つのタイプのポジティブ感情を分別する必要がある（本書第6章参照）。実際，私たちは2種類両方ともの恐怖を持つことができる。30年前のことだが，アリエティとベンポラド（Arieti & Bemporad, 1980）がうつ病患者はときに快感をタブー視していると述べた。彼らはしばしば清教徒的な（厳格な）環境で育ち，快楽は不適切なものだと教わった。彼らは今日良いことがあると，明日は悪いことがあると信じているのだ。ときにこれは（幸せだった直後に悪いことを経験するなどをして）感情の記憶や条件づけと関係している。たとえば，スーザンは誕生日を楽しみにしていたが，そのときに母親の機嫌が悪く，その場の雰囲気を悪くしてしまった。または，この家族が海岸へ旅行をしたら，広場恐怖症の母親が突如パニックに陥り，「すべてのコートは脱ぎ去られ，父親は機嫌を損ねてしまった」。こうした出来事によって，スーザンは「幸せを感じると，居心地が悪くなった」。また「幸せは自分には合わない」と信じる人もいる。彼ら

は苦しみや憂うつと自己アイデンティティが連結していて，自分が幸せになっているところをイメージできない。また「被害者意識」に固執し，その辛い話を聞いてくれる人であれば，誰にでも辛い（しばしば誇張された）経験を話そうとする。怒りに固執する人もいる。OCD（強迫性障害：Obsessive Compulsive Disorder）を患う人が幸せになると，症状が悪化し，ストレスを抱えるケースもある。

　しかしコンパッションは人間関係と満足感，安心，繋がりといった感情に関係する，特殊なポジティブ感情である。ある人にとって，エンドルフィンやオキシトシンから生まれる愛情や満足感といった感情は，非常に怖いものなのである。なぜならこれらのポジティブな感情は，他人に対してオープンになる必要があり，より他人を信頼し，その人間関係のアップ・ダウンを自分は生き抜けるのだと認識できなければならないからだ。つまり，「ガードを下げる」必要がある。問題はこの愛着システムを閉鎖すると，われわれの脳において最も大事ないやしのシステムが機能しなくなることになるのだ。実際，安心を感じるために孤立するのだと教えられ，信じている人はいる。心の悩みがあるときに，彼らは他人に近づくのではなく，他人から遠ざかる。複雑な心の疾病を抱える人に対して，これが大きな問題となることはよくある。

　愛着理論家のジョン・ボウルビィは数十年前，彼がクライエントに対してやさしくすると，クライエントは苛立ったり，怒ったり，または次のセッションに来なくなると述べていた。彼はやさしさが愛着システムを開くと気づいていたのだ。しかしその人の「システムの中に」，愛着を抱くべき人物に関する悪い記憶があると，セラピストのやさしさがそうした記憶を呼び起こしてしまうこともある。図13はそれを示すといえる。

いくつかの証拠

　私の研究チームでは，ロックリフら（Rockliff et al., 2008）が心拍変動（Heart Rate Variability：HRV）という感情プロセスの指標を作成した。この研究では，自己批判度が低い人は，コンパッションのイメージに対して，HRVが増加し，コルチゾールが軽減していた。つまり，いやしのシステムの活性

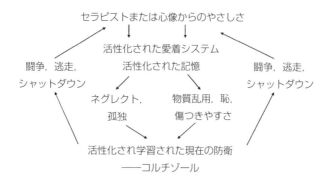

セラピストまたは心像からのやさしさ

活性化された愛着システム
活性化された記憶

闘争，逃走，　　　　　　　　　　　　闘争，逃走，
シャットダウン　　　　　　　　　　　シャットダウン

ネグレクト，　　　物質乱用，恥，
孤独　　　　　　　傷つきやすさ

活性化され学習された現在の防衛
——コルチゾール

図13　やさしさとコンパッションが，愛着，脅威および回避に結びつく道筋　Gilbert, P.（2009c）
"Evolved minds and compassion-focused imagery in depression", in L. Stopa（ed.）, *Imagery and the Threatened Self: Perspectives on Mental Imagery and the Self in Cognitive Therapy*（pp. 206-231）. London: Routledge より許可を得て転載。

化を示唆した。これに対して，自己批判度が高い人は，HRV が下がり，コルチゾールに変化はなかった（つまり，脅威システムの活性化を示唆したのだ）。ロンジら（Longe et al., 2010）は機能的 MRI を使って，ストレスが溜まるようなイベント（たとえば，ある職を受けるも不採用となるなど）において，自己批判と自己安心（自分を元気づけ安心させるような言葉かけ）に対して神経生理学的に私たちはどのように反応するのかを調べた。自己批判と自己安心に明確な神経生理学的な違いがあるだけではなく，自己批判が強い人は，自分に対して安心やコンパッションを施すときに，脅威のような脳内の動きを示したのだ。これはロックリフら（Rockliff et al., 2008）の研究と同じような結果だった。心理療法では，コンパッションを脅威と捉えることに向き合わなければならない。そうでないと自己批判はいやしのシステムにアクセスできず，強度の自己批判を再発する恐れがある。コンパッションを怖いと感じる理由はいくつかある。

条件づけ

CFT は古典的な条件づけのモデルと非常に関連していて，このモデルを使うとこのコンパッションを怖いと思う問題を理解することができる。たと

えば，性的な感覚は大抵，快感と連合しているが，（たとえば）レイプをさ
れるとそれは快感ではなくなる。通常は快いと感じられる**内的な**動機，感
情，活動が，不快になるのである。**恐怖と不快感**が温かい感情の中に感じら
れることがあるのは，それと同じことである。通常他人が親切にしてくれる
のは快い感覚であるが，それがその人たちと近づきたいという欲求を刺激す
ると，虐待，そしてコントロールできない，圧倒されている，強制されてい
る，恐ろしくて依存する，窒息しそうなどの感情が湧き，快感情ではなくな
る。ときに，幼少時代に両親が温かく怖くもあった人の場合，それがコン
パッションのエクササイズに現れることがある（Liotti, 2000）。したがって，
スージングシステムに問題が出るのは，そこにたくさんの脅威に関する記憶
や条件づけされた感情的反応がある場合である。温かい感情が，たくさんの
消化しきれていない感情や記憶を刺激する場合があるということだ。

悲嘆

　コンパッションの実践をしていくなかで，よく遭遇する問題として，思い
やられ，求められ，そしてお互いに信頼していたいと思うことで，安全を感
じたいという社会的メンタリティに目覚めてしまうことがある（Baumeister
& Leary, 1995）。しかし，愛されていると感じたい，そして何かに繋がって
いたいという思いの再認識が，悲しみの感情となり彼らを圧倒してしまう。
このこと（と彼らの涙）を「直感的な智慧」と呼んでいる。なぜなら，他人
や何かと繋がっていたいという欲求から，脳の進化と私たちがどうデザイン
されたのかを知ることになるからである。悲嘆は，繋がりの欲求に気づく最
初の一歩にもなりえ，そこから深い喪失感や，子どもの頃に愛されようとし
て頑張ったが報われなかった努力といった事柄への処理につながっていく
（Bowlby, 1980）。親の他界など，幼少時代の喪失（死別）についてなされた
研究は多々あるが，求めていたものや必要だったものの喪失についてなされ
た研究は少ない。（たとえば）虐待によって，自分が求めていた幼少時代を
喪失したということなどがこれにあたる。起きなかったこと（愛されてい
る，必要とされていると感じるなど）について嘆き悲しむ能力と，起きたこ
と（虐待等）について嘆き悲しむ能力は，重要である。ギルバートとアイロ

ン（Gilbert & Irons, 2005）によれば，境界性パーソナリティを思う人の困難は，特に，大きな喪失に対する悲しみに耐えられないことと関係している。

　だから CFT では（悲しみと切望に対する行動耐性という形で）グリーフ・ワークに取り組む。かつて著名な CBT のセラピストたちが，過去の悲嘆は役に立たずセラピーでは避けるべきと述べていた。しかし CFT では過去の悲嘆は必要不可欠になり得る。これを示す良い科学的証拠はないものの，境界性の症状を患う人たちへの研究では，たとえば，子どもの頃のトラウマや与えられなかった愛情や保護に対して悲嘆してもよいと感じることが，治療に大きなプラスの影響を及ぼしている（たとえば，Gilbert & Procter, 2006）。重い病気やケガ，重度の精神病を患う人たちにとって，悲嘆することが治療に役立つことがある。しかし，初期段階で悲嘆をするのは，あまりに重く，治療から乖離してしまうこともあるので，初期段階では気をつけたい。

　しかしながら，穏やかに協力的に進めることは有効である。私のクライエントは，数カ月にわたって悲嘆をし，以前は存在することすら知らなかったさまざまな種類の感情に気づき始めた。悲嘆をする前は，彼女の感情はまるで凍っていたようだ。だから，愛する人を失うことへの悲嘆が心理的な問題になる可能性があるように，悲嘆のプロセスをより詳細に研究する必要がある。もちろん明らかに悲嘆が役に立たないときもある。たとえば，クライエントが単に「かわいそうな私」への同情が欲しいだけで，症状を繰り返している場合などがこれにあたる。しかし，悲嘆は他の感情と同じように，受け入れて，向き合うことで，対処することができる。これはグループセラピーでは難しいので，DBT（Dialectical Behavior Therapy：弁証法的行動療法）のように個人でこのプロセスを理解したセラピストを持つことを勧める。悲嘆のいくつかの側面は，「悩みを呼び出すこと」と関係している。だから，周りの人が自分に対して支援的であると感じ始めると，脅威と関連した衝動性を抑えることができる。ここにおいてはさらなる研究が必要だ。しかし，人間が，愛されている，必要とされている，そして受け入れられている（信仰できる宗教を見つけることさえも）と感じたときに，「その出来事が彼らを変えた」という逸話は，確かにたくさん残されている。このような大事なことがまだ研究されていないのは驚くべきことである。

メタ認知

　コンパッションへの恐怖はさまざまなメタ認知と関係している（本書第4章を参照）。多くの人が，コンパッションは甘やかしだとか，人を弱くするとか，自分はそれに値しないとか，今日は良くても明日は変わってしまうなどといったさまざまなことを信じている。現在，私たちはコンパッションへの恐怖について研究をしている。これは，他人に対してコンパッションを持つことへの恐怖や，他人からのコンパッションに対してオープンになること，また，自分に対してコンパッションを持つことへの恐怖と関係している。これらの三つはストレス，不安，うつと関連していて，特にセルフ・コンパッションは強く関連している。

　うつ病患者がセルフ・コンパッションをどう体験するかを調べた質的研究（Pauley & McPherson, 2010）では，多くの患者は自分に対して思いやりを持つなど考えもしなかったと報告されている（Gilbert & Procter, 2006と同様の結果）。しかし彼らは，自分に対してコンパッションを持つことは非常に有効だとは思うが，彼らのアイデンティティは自己批判と強く関係しているため（特にうつ状態にあるとき），難しいとも感じている。うつ病患者の一部は，うつ病そのものが対処し難い自己嫌悪を生んでいるにもかかわらず，自分にコンパッションを持つことで，アイデンティティに大きな変化ができることを恐れている。したがって，セルフ・コンパッションを育むことに対しての障壁や抵抗をよりよく理解し，研究することが今すぐにでも必要とされている。セラピーにおいては，注意深い観察や分析，これらの障壁や抵抗に取り組むことの協力的な同意を必要とする。

感情の欠如

　その他よくある問題は，コンパッションに関するエクササイズをするときに，単純に「温かいコンパッションの感情」を感じられないというケースがある。あるクライエントが，「何の感情も感じられない」と報告してきたことがある。こうしたクライエントに対しては，彼らのこれまでの経験を考え

るとそれは驚くべきことではないと伝え，うつ状態のために，友好的ないやしのシステムが活性化されなかったり，脅威に晒されていたり，また，気持ちが疲弊してしまっているかもしれないといううつに関する事実を伝えよう。大事なことは，練習である。思いやりを発揮したいという欲求や動機，意図に集中することである。感情は行ったり来たりするものだ。だから，もちろん私たちはいやしの気持ちを早く持ちたいが，それには多くの時間と練習を要する。

発達上の課題

　第4章は発達上のコンピテンシー，特にメンタライジングと自分の感情について考えたり，述べたり，振り返る能力に関するコンピテンシーの重要性を説いている。もしクライエントが，これらが難しいと言うのであれば（失感情症が原因かもしれないが），思いやりの感情は彼らにとって非常に変なものに思えるかもしれない。なぜなら彼らは**どんな感情に対しても言語化す**ることや，区分することさえできないからだ。したがって，ここでの思いやりのエクササイズは，セラピー内での感情に焦点を起き，特定のエクササイズをすることになるので，非常に時間のかかるプロセスとなる。**自分が感情を言語化できない**ことを強く意識する人は，特定の感情がどんなものであるべきか予め何らかの案があるため，自己批判をしやすかったり（恥を感じやすかったり）する。それが瞬時に彼らの脅威システムを活性化し，そこまで積み上げたものが無駄になってしまう。私の視点では，失感情症が問題なのは，人がこの探求するプロセスそのものに対して恥を感じたり，自己批判してしまったりすることだと思う。彼らは，「これは簡単なはずである」「こんなこと知っていなければならない」とか「これはできないといけない」「これができないなんで私はどこかおかしい」「感情についてわかっていないのに，ここで感情について話をするのは馬鹿げている」といった考えを持っている。また別のときには（悲しみや怒りといった）別の感情が現れるが，圧倒されそうに感じられるので，それらを避けようとする。だから，感情への耐性をつけ，たとえば，自己批判に対してもそれに単に気づけるようになることが，第一歩なのである。感情認識とそれに取り組むことは，感情に焦点

を当てたセラピー（たとえば，Greenberg et al., 1993）や新たなメンタライジングを使ったアプローチ（Bateman & Fonagy, 2006）では，特に重視された事柄である。

遊び心

　CFT ではセラピストは「常に『安全感』を作り出し」，クライエントの探索をサポートする。CFT は恥を敏感に感じやすく，自己批判的な人のために作られたのが最初なので，以下の課題と，それに伴う実践上の困難に焦点が当たっている。つまり，人がいかに簡単に恥や自己批判を感じてしまうのか，また，どのように脅威システムからいやしのシステムに焦点を変えるのかという課題である。

　安全な感覚は，探索や発展的な変化を起こすための（神経生理学的な）条件を作り出す。探索というのは，社会で起きたことや今起きていることについてもできるし，内的な探索もできる。子どものときに，最も学べたときというのは遊び心があり，脅威がなかったときだと思う。セラピーでも同じである。私たちは，探索を促すための感情的な状況を作るという意味で，遊び心の重要さを**たいへん過小評価している**。CFT において，セラピストはクライエントの探索を促そうとするので，遊び心は重要な要素である。遊び心によってクライエントは安全だと感じるだろう。もしあなたに思いやりがあり，一緒にいて居心地が良い人はどういう人かと聞いたら，遊び心（もしくはそうありたいという意図）は大事な要素だと思う。遊び心はセラピストの非言語コミュニケーションにも現れる。CFT では，遊び心がセラピストの脅威とも関係している（たとえば目標を達成する必要から）。

　コンパッションが難しいと感じる人は，メンタライジングに問題があるかもしれない。こんなときは，遊び心を持って，穏やかに接することが第一ステップである。精神病患者に対して一連のコンパッションのグループワークを行ったクリスティン・ブラフラー（Christine Braehler, 2009年12月，私信）から聞いた話だが，患者がお互いに思いやりを発揮し，特定のテーマやアイデアに対して遊び心を持ち，冗談を言えるようになったそうだ。遊び心がグループを運営するうえで非常に大事だったそうだ。エンカウンターグループ

が流行った1960年代からかなり時間が経つ今でもグループセラピーで新たな発見が生まれている。

脱感作

　ある意味で，私たちは，脱感作を目的とした行動的介入に取り組んでいると言える。つまり，人が避けようとしている感情に向き合い，耐えられるようにサポートしている。さらに，あなたはコンパッションに焦点を当てた（クライエントとの）関係性の中から，思いやりの感情や理解ができるような能力や条件を作っている（たとえば，クライエント自身のコンパッションのある自己を作り上げたり，椅子を使ったエクササイズ，手紙，イメージをすることによって）。

機能分析

　コンパッションへの恐怖に理解を示し，機能分析の観点から取り組むことが有効である。コンパッションを育むことに対して，最も恐れているものは何だろうか。何が妨げとなっているか。もしあなたが将来思いやりのある人間であるとしたら，そこにはどんな問題があるだろうか。CFT では，特定の感情**システム**を活性化させることを目的とする。それにはクライエントが避けようとしていた感覚かもしれないので，クライエントとの協働が必要である。だから，特定の感情を避けようと考えるのではなく，特定の感情システムについて考えることが大事である。前述したように，思いやりに対する障害や恐怖について学ぶことはたくさんあり，（避けている感情システムではなく）その障害や恐怖そのものが**エクササイズの中心**になることもある。

最後に

第**30**章

　本書では，CFT の基本的なモデルについて概説した。このモデルは，科学に基づく多角的なアプローチである。仏教の洞察や教えを重視し活用していることは明らかだが，仏教のモデルというわけではない。ガーマー (Germer, 2009) は，マインドフルネスとコンパッションに焦点を当てた，より仏教的なアプローチを紹介している。これは自己啓発書として書かれているので，クライエントに勧めることができる。CFT は，進化論，感情調節の神経科学，新しい脳システムと古い脳システムの相互作用（メンタライジングや心の理論能力など），社会的な人間関係に根ざしている。また，発達心理学，社会心理学，その他の心理学の知見を活用し，感情条件付けなどの多くの行動学的概念と密接に関連している。したがって，CFT は「特定の流派のセラピー」というアプローチではなく，心理学の科学的研究からの知見を取り入れ，統合し，そこからセラピーを展開しようとするものなのである。

　CFT は，ACT，CBT，DBT，EFT，REBT，その他多くのアプローチの重要な進歩の上に構築された複眼的な療法である（図1，本書22頁）。思いやりを重視するセラピストは，どのような介入（例：治療におけるクライエントとの人間関係，思考や中核的信念の再検討，安全行動，怒りやトラウマ的記憶の認識と処理，恐れているものへの暴露の関与，行動実験，段階的なタスク，身体に焦点をあてた感覚や感情のワーク，またはマインドフルネスなど）を行うにしても，慎重に行う。このようなセラピストは，剥離，無効化，冷淡，いじめ，または批判的な状態ではなく，認識，サポート，親切といった状態でこれらの介入を行うことができる。動機と感情，方向性，意図，介入に取り掛かる**セラピストの気持ちが鍵になる**。これは，認知，行動，感情に基づく介入にアプローチする方法であるだけでなく，「思いやり

のある自分になる」ことを実践できるアイデンティティを構築することでも
ある。前述のように，人が愛され，求められ，受け入れられていると感じる
と（たとえば，宗教に見るように），「人が変わる」という逸話はたくさんあ
る。私たちが強い所属欲求や自己価値観（Baumeister & Leary, 1995）を持っ
た，思いやりを求める存在へと進化した（Gilbert, 1989, 2007a; Hrdy, 2009）こ
とを考えると，CBT への影響（介入）に焦点を当てた研究が（愛着に焦点
を当てたセラピー以外では）ほとんど行われていないのは驚くべきことだ。

　CFT はまた，変化に対して発達的なアプローチを取る。人は，動機づけ
だけでなく，心理的な能力（何かを意識する能力や抽象的な思考をするため
の認知能力など）においても変化の段階を経る。そのため，自分の感情に問
題があることを認識し始めるが，単にその感情の犠牲者だと感じるだけにな
る。次の段階では，それが「自分の心の中」で起こっていることだと認識し
始め，一歩下がって，より観察的になる。しかし，まだ感情に支配されてい
ると感じる。この次の段階では，自分の感情を表に出す必要はないこと，思
考や感情は必ずしも現実を正確に反映しているわけではないことを認識し始
める。つまり，マインドフルネスやそうした意識ができる能力を持つように
なる。そうすると，複雑で，ときには相反する感情を理解できるようにな
り，優先順位や動機の異なる，さまざまな自己の部分があることを理解でき
るようになる。このような発達の過程を認識することは重要である。なぜな
ら，クライエントがどの段階にいるか（認知，観察の鋭いマインドフルネ
ス，メンタライジング，感情の複雑さの認識）によって，セラピーが変わっ
てくるからである。しかし，CFT では，これらの変化のプロセスを経るこ
とによって，セルフ・コンパッションを増やし，脳内の特定のタイプの情動
制御を刺激することになる。実際，内なる思いやりを活用することで，安心
感やいやしを感じやすくなり（自己批判を弱める），探索的な行動が促進さ
れ，認知や感情の成熟とメンタライジングがしやすくなる。

　CFT は，私たちが多くの異なる「自己の部分」を持ち，特定の出来事に
対して多くの異なる，ときには相反する動機や感情を感じることができると
いう，心の多重性に着目する。そのため，ある思考を特定することは困難で
あり，誤解を招くことさえある。さらに，ある種の感情は他の感情を曇らせ
たり，抑圧したりする。したがって，セラピストはクライエントが特定の体

験から喚起されうるさまざまな感情や動機（クライエントが感じたり認めたりすることを避けたり怖がったりするようなものも含む）を，ゆっくりと引き出す手助けをする（ソクラテス式問答法，発見的質問，共感を使って）のである。そしてもちろん，この難しい葛藤を，正常化と思いやりの心をもって距離を置いて観察し，どこから取り組むべきかを段階的に考えていく。

　CFT は現在，さまざまな心理的困難に対して使用されている。しかしもともとは，恥や自己批判が強く，コンパッションをもって自分を落ち着かせるのが困難な人々のために考案された。現在，さまざまな無作為化比較試験（RCT）が計画されている。

　現在，ほとんどのセラピーは，心に関する科学に基づいて構築されつつある。これはつまり，時間が経つにつれて自然に類似性が高まり（願わくば）セラピー流儀による対立が少なくなることを意味する。私にとっては，科学は明らかである。私たちは進化した種族であり，安全性，支援，繋がり，やさしさのある環境で最もよく機能する。

　それでは，あなたのコンパッションのある実践が，ご自身のお役に立ちますように。

文献

Allen, J. H., Fonagy, P. and Bateman, A. W. (2008) *Mentalizing in Clinical Practice*. Washington, DC: American Psychiatric Association.

Allione, T. (2008) *Feeding Your Demons*. New York: Little Brown & Co.

Andrews, B. (1998) "Shame and childhood abuse", in P. Gilbert and B. Andrews (eds), *Shame: Interpersonal Behavior, Psychopathology and Culture* (pp. 176–190). New York: Oxford University Press.

Ardelt, M. (2003) "Empirical assessment of a three-dimensional wisdom scale", *Research on Aging*, 25: 275–324.

Arieti, S. and Bemporad, J. (1980) *Severe and Mild Depression: The Psychotherapeutic Approach*. London: Tavistock.

Baldwin, M. W. (ed.) (2005) *Interpersonal Cognition*. New York: Guilford Press.

Barkow, J. H. (1989) *Darwin, Sex and Status*. Toronto, Canada: Toronto University Press.

Bateman, A. and Fonagy, P. (2006) *Mentalizing-Based Treatment for Borderline Personality Disorder: A Practical Guide*. Oxford, UK: Oxford University Press.

Bates, A. (2005) "The expression of compassion in group cognitive therapy", in P. Gilbert (ed.), *Compassion: Conceptualisations, Research and Use in Psychotherapy* (pp. 379–386). London: Routledge.

Baumeister, R. F., Bratslavsky, E., Finkenauer, C. and Vohs, K. D. (2001) "Bad is stronger than good", *Review of General Psychology*, 5: 323–370.

Baumeister, R. F. and Leary, M. R. (1995) "The need to belong: Desire for interpersonal attachments as a fundamental human motivation", *Psychological Bulletin*, 117: 497–529.

Baumeister, R. F., Stillwell, A. and Heatherton, T. F. (1994) "Guilt: An interpersonal approach", *Psychological Bulletin*, 115: 243–267.

Beck, A. T. (1987) "Cognitive models of depression", *Journal of Cognitive Psychotherapy: An International Quarterly*, 1: 5–38.

Beck, A. T. (1996) "Beyond belief: A theory of modes, personality and psychopathology", in P. Salkovskis (ed.), *Frontiers of Cognitive Therapy* (pp. 1–25). New York: Oxford University Press.

Beck, A. T., Emery, G. and Greenberg, R. L. (1985) *Anxiety Disorders and Phobias: A Cognitive Approach*. New York: Basic Books.

Beck, A. T., Freeman, A., Davis, D. D. and associates (2003) *Cognitive Therapy of Personality Disorders*, 2nd edn. New York: Guilford Press.

Begley, S. (2007) *Train your Mind, Change your Brain.* New York: Ballantine Books.

Bell, D. C. (2001) "Evolution of care giving behavior", *Personality and Social Psychology Review*, 5: 216–229.

Bennett-Levy, J. and Thwaites, R. (2007) "Self and self reflection in the therapeutic relationship", in P. Gilbert and R. Leahy (eds), *The Therapeutic Relationship in the Cognitive Behavioural Psychotherapies* (pp. 255–281). London: Routledge.

Bering, J. M. (2002) "The existential theory of mind", *Review of General Psychology*, 6: 3–34.

Bifulco, A. and Moran, P. (1998) *Wednesday's Child: Research into Women's Experiences of Neglect and Abuse in Childhood, and Adult Depression.* London: Routledge.

Black, S., Hardy, G., Turpin, G. and Parry, G. (2005) "Self-reported attachment styles and therapeutic orientation of therapists and their relationship with reported general alliance quality and problems in therapy", *Psychology and Psychotherapy*, 78: 363–377.

Blackmore, S. (1996) *The Meme Machine.* Oxford, UK: Oxford University Press.

Bowlby, J. (1969) *Attachment and Loss. Vol. 1: Attachment.* London: Hogarth Press.

Bowlby, J. (1973) *Attachment and Loss. Vol. 2: Separation, Anxiety and Anger.* London: Hogarth Press.

Bowlby, J. (1980) *Attachment and Loss. Vol. 3: Loss, Sadness and Depression.* London: Hogarth Press.

Brewin, C. R. (2006) "Understanding cognitive behaviour therapy: A retrieval competition account", *Behaviour Research and Therapy*, 44: 765–784.

Brewin, C. R., Wheatley, J., Patel, T., Fearon, P., Hackmann, A., Wells, A., et al. (2009) "Imagery rescripting as a brief stand-alone treatment for depressed patients with intrusive memories", *Behaviour Research and Therapy*, 47: 569–576.

Buss, D. M. (2003) *Evolutionary Psychology: The New Science of Mind,* 2nd edn. Boston: Allyn & Bacon.

Buss, D. M. (2009) "The great struggles of life: Darwin and the emergence of evolutionary psychology", *American Psychologist*, 64: 140–148.

Cacioppo, J. T., Berston, G. G., Sheridan, J. F. and McClintock, M. K. (2000) "Multilevel integrative analysis of human behavior: Social neuroscience and the complementing nature of social and biological approaches", *Psychological Bulletin*, 126: 829–843.

Carter, C. S. (1998) "Neuroendocrine perspectives on social attachment and love", *Psychoneuroendocrinology*, 23: 779–818.

Caspi, A. and Moffitt, T. E. (2006) "Gene–environment interactions in psychiatry: Joining forces with neuroscience", *Nature Reviews: Neuroscience*, 7: 583–590.

Choi-Kain, L. W. and Gunderson, J. G. (2008) "Mentalization:

Ontogeny, assessment, and application in the treatment of border-line personality disorder", *American Journal of Psychiatry*, 165: 1127–1135.

Cooley, C. (1922) *Human Nature and the Social Order*, rev. edn. New York: Charles Scribner's Sons (originally published 1902).

Coon, D. (1992) *Introduction to Psychology: Exploration and Application*, 6th edn. New York: West Publishing Company.

Cozolino, L. (2007) *The Neuroscience of Human Relationships: Attachment and the Developing Brain*. New York: Norton.

Cozolino, L. (2008) *The Healthy Aging Brain: Sustaining Attachment, Attaining Wisdom*. New York: Norton.

Crane, R. (2009) *Mindfulness-Based Cognitive Therapy: Distinctive Features*. London: Routledge.

Crisp, R. J. and Turner, R. N. (2009) "Can imagined interactions produce positive perceptions? *American Psychologist*, 64: 231–240.

Crocker, J. and Canevello, A. (2008) "Creating and undermining social support in communal relationships: The role of compassionate and self-image goals", *Journal of Personality and Social Psychology*, 95: 555–575.

Cullen, C. and Combes, H. (2006) "Formulation from the perspective of contextualism", in N. Tarrier (ed.), *Case Formulation in Cognitive Behaviour Therapy: The Treatment of Challenging and Complex Cases* (pp. 36–51). London: Routledge.

Dadds, M. R., Bovbjerg, D. H., Redd, W. H. and Cutmore, T. R. (1997) "Imagery in human classical conditioning", *Psychological Medicine*, 122: 89–103.

Dalai Lama (1995) *The Power of Compassion*. India: HarperCollins.

Darwin, C. (1859) *On the Origin of Species by Means of Natural Selection*. London: John Murray.

Davidson, R. J., Kabat-Zinn, J., Schumacher, J., Rosenkranz, M., Muller, D., Santorelli, S., et al. (2003) "Alterations in brain and immune function produced by mindfulness meditation", *Psychosomatic Medicine*, 65: 564–570.

Decety, J. and Jackson, P. L. (2004) "The functional architecture of human empathy", *Behavioral and Cognitive Neuroscience Reviews*, 3: 71–100.

Depue, R. A. and Morrone-Strupinsky, J. V. (2005) "A neurobehavioral model of affiliative bonding", *Behavioral and Brain Sciences*, 28: 313–395.

Didonna, F. (ed.) (2009) *Clinical Handbook of Mindfulness*. New York: Springer.

Dixon, A. K. (1998) "Ethological strategies for defence in animals and humans: Their role in some psychiatric disorders", *British Journal of Medical Psychology*, 71: 417–445.

Dryden, W. (2009) *Rational Emotive Behaviour Therapy: Distinctive Features*. London: Routledge.

Dugnan, D., Trower, P. and Gilbert, P. (2002) "Measuring vulner-

ability to threats to self construction: The self and other scale",
Psychology and Psychotherapy: Theory Research and Practice, 75:
279–294.

Dunkley, D. M., Zuroff, D. C. and Blankstein, K. R. (2006) "Specific
perfectionism components versus self-criticism in predicting mal-
adjustment", *Personality and Individual Differences*, 40: 665–676.

Dykman, B. M. (1998) "Integrating cognitive and motivational factors
in depression: Initial tests of a goal orientation approach", *Journal
of Personality and Social Psychology*, 74: 139–158.

Eells, T. D. (2007) *Handbook of Psychotherapy Case Formulation*, 2nd
edn. New York: Guilford Press.

Ellenberger, H. F. (1970) *The Discovery of the Unconscious. The
History and Evolution of Dynamic Psychiatry*. New York: Basic
Books.

Elliott, R., Watson, J. C., Goldman, R. N. and Greenberg, L. S. (2003)
Learning Emotion-Focused Therapy. Washington, DC: American
Psychological Association.

Fehr, C., Sprecher, S. and Underwood, L. G. (2009) *The Science of
Compassionate Love: Theory Research and Application*. Chichester,
UK: Wiley.

Field, T. (2000) *Touch Therapy*. New York: Churchill Livingstone.

Fisher, P. and Wells, A. (2009) *Metacognitive Therapy*. London:
Routledge.

Fogel, A., Melson, G. F. and Mistry, J. (1986) "Conceptualising the
determinants of nurturance: A reassessment of sex differences", in
A. Fogel and G. F. Melson (eds), *Origins of Nurturance: Develop-
mental, Biological and Cultural Perspectives on Caregiving* (pp. 53–
67). Hillsdale, NJ: Lawrence Erlbaum Associates, Inc.

Frederick, C. and McNeal, S. (1999) *Inner Strengths: Contemporary
Psychotherapy and Hypnosis for Ego Strengthening*. Mahwah, NJ:
Lawrence Erlbaum Associates, Inc.

Fredrickson, B. L., Cohn, M. A., Coffey, K. A., Pek, J. and Finkel, S.
A. (2008) "Open hearts build lives: Positive emotions, induced
through loving-kindness mediation, build consequential personal
resources", *Journal of Personality and Social Psychology*, 95:
1045–1062.

Gerhardt, S. (2004) *Why Love Matters: How Affection Shapes a Baby's
Brain*. London: Routledge.

Germer, C. (2009) *The Mindful Path to Self-Compassion: Freeing your
Self from Destructive Thoughts and Emotions*. New York: Guilford
Press.

Gibb, B. E., Abramson, L. Y. and Alloy, L. R. (2004) "Emotional
maltreatment from parent, verbal peer victimization, and cognitive
vulnerability to depression", *Cognitive Therapy and Research*, 28:
1–21.

Gilbert, P. (1984) *Depression: From Psychology to Brain State*.
London: Lawrence Erlbaum Associates, Inc.

Gilbert, P. (1989) *Human Nature and Suffering*. Hove, UK: Lawrence Erlbaum Associates, Inc.

Gilbert, P. (1992) *Depression: The Evolution of Powerlessness*. Hove, UK: Lawrence Erlbaum Associates, Inc., and New York: Guilford Press.

Gilbert, P. (1993) "Defence and safety: Their function in social behaviour and psychopathology", *British Journal of Clinical Psychology*, 32: 131–153.

Gilbert, P. (1995) "Biopsychosocial approaches and evolutionary theory as aids to integration in clinical psychology and psychotherapy", *Clinical Psychology and Psychotherapy*, 2: 135–156.

Gilbert, P. (1997) "The evolution of social attractiveness and its role in shame, humiliation, guilt and therapy", *British Journal of Medical Psychology*, 70: 113–147.

Gilbert, P. (1998) "The evolved basis and adaptive functions of cognitive distortions", *British Journal of Medical Psychology*, 71: 447–464.

Gilbert, P. (2000a) "Social mentalities: Internal 'social' conflicts and the role of inner warmth and compassion in cognitive therapy", in P. Gilbert and K. G. Bailey (eds), *Genes on the Couch: Explorations in Evolutionary Psychotherapy* (pp. 118–150). Hove, UK: Brunner-Routledge.

Gilbert, P. (2000b) *Overcoming Depression: A Self-Guide Using Cognitive Behavioural Techniques*, rev. edn. London: Robinsons, and New York: Oxford University Press.

Gilbert, P. (2001a) "Evolutionary approaches to psychopathology: The role of natural defences", *Australian and New Zealand Journal of Psychiatry*, 35: 17–27.

Gilbert, P. (2001b) "Depression and stress: A biopsychosocial exploration of evolved functions and mechanisms", *Stress: The International Journal of the Biology of Stress*, 4: 121–135.

Gilbert, P. (2002) "Evolutionary approaches to psychopathology and cognitive therapy", in P. Gilbert (ed.), Special Edition: Evolutionary Psychology and Cognitive Therapy, *Cognitive Psychotherapy: An International Quarterly*, 16: 263–294.

Gilbert, P. (2003) "Evolution, social roles, and differences in shame and guilt", *Social Research: An International Quarterly of the Social Sciences*, 70: 1205–1230.

Gilbert, P. (ed.) (2004) *Evolutionary Theory and Cognitive Therapy*. New York: Springer.

Gilbert, P. (2005a) "Compassion and cruelty: A biopsychosocial approach", in P. Gilbert (ed.), *Compassion: Conceptualisations, Research and Use in Psychotherapy* (pp. 9–74). London: Routledge.

Gilbert, P. (2005b) "Social mentalities: A biopsychosocial and evolutionary reflection on social relationships", in M. W. Baldwin (ed.), *Interpersonal Cognition* (pp. 299–335). New York: Guilford Press.

Gilbert, P. (ed.) (2005c) *Compassion: Conceptualisations, Research and Use in Psychotherapy*. London: Routledge.

Gilbert, P. (2007a) *Psychotherapy and Counselling for Depression*, 3rd edn. London: Sage.

Gilbert, P. (2007b) "Evolved minds and compassion in the therapeutic relationship", in P. Gilbert and R. Leahy (eds), *The Therapeutic Relationship in the Cognitive Behavioural Psychotherapies* (pp. 106–142). London: Routledge.

Gilbert, P. (2007c) "The evolution of shame as a marker for relationship security", in J. L. Tracy, R. W. Robins and J. P. Tangney (eds), *The Self-Conscious Emotions: Theory and Research* (pp. 283–309). New York: Guilford Press.

Gilbert, P. (2007d) *Overcoming Depression: Talks with your Therapist*, CD (with exercises). London: Constable Robinson.

Gilbert, P. (2009a) *The Compassionate Mind*. London: Constable & Robinson, and Oaklands, CA: New Harbinger.

Gilbert, P. (2009b) *Overcoming Depression*, 3rd edn. London: Constable & Robinson, and New York: Basic Books.

Gilbert, P. (2009c) "Evolved minds and compassion-focused imagery in depression", in L. Stopa (ed.), *Imagery and the Threatened Self: Perspectives on Mental Imagery and the Self in Cognitive Therapy* (pp. 206–231). London: Routledge.

Gilbert, P., Broomhead, C., Irons, C., McEwan, K., Bellew, R., Mills, A., et al. (2007) "Striving to avoid inferiority: Scale development and its relationship to depression, anxiety and stress", *British Journal of Social Psychology*, 46: 633–648.

Gilbert, P., Clarke, M., Kempel, S., Miles, J. N. V. and Irons, C. (2004a) "Criticizing and reassuring oneself: An exploration of forms style and reasons in female students", *British Journal of Clinical Psychology*, 43: 31–50.

Gilbert, P., Gilbert, J. and Irons, C. (2004b) "Life events, entrapments and arrested anger in depression", *Journal of Affective Disorders*, 79: 149–160.

Gilbert, P., Gilbert, J. and Sanghera, J. (2004c) "A focus group exploration of the impact of izzat, shame, subordination and entrapment on mental health and service use in South Asian women living in Derby", *Mental Health, Religion and Culture*, 7: 109–130.

Gilbert, P. and Irons, C. (2004) "A pilot exploration of the use of compassionate images in a group of self-critical people", *Memory*, 12: 507–516.

Gilbert, P. and Irons, C. (2005) "Focused therapies and compassionate mind training for shame and self-attacking", in P. Gilbert (ed.), *Compassion: Conceptualisations, Research and Use in Psychotherapy* (pp. 263–325). London: Routledge.

Gilbert, P. and Leahy, R. (eds) (2007) *The Therapeutic Relationship in the Cognitive Behavioural Psychotherapies*. London: Routledge.

Gilbert, P., McEwan, K., Mitra, R., Franks, L., Richter, A. and

Rockliff, H. (2008) "Feeling safe and content: A specific affect regulation system? Relationship to depression, anxiety, stress and self-criticism", *Journal of Positive Psychology*, 3: 182–191.

Gilbert, P. and McGuire, M. (1998) "Shame, social roles and status: The psycho-biological continuum from monkey to human", in P. Gilbert and B. Andrews (eds), *Shame: Interpersonal Behavior, Psychopathology and Culture* (pp. 99–125). New York: Oxford University Press.

Gilbert, P. and Procter, S. (2006) "Compassionate mind training for people with high shame and self-criticism: A pilot study of a group therapy approach", *Clinical Psychology and Psychotherapy*, 13: 353–379.

Gillath, O., Shaver, P. R. and Mikulincer, M. (2005) "An attachment-theoretical approach to compassion and altruism", in P. Gilbert (ed.), *Compassion: Conceptualisations, Research and Use in Psychotherapy* (pp. 121–147). London: Routledge.

Glasser, A. (2005) *A Call to Compassion: Bringing Buddhist Practices of the Heart into the Soul of Psychotherapy*. Berwick, ME: Nicolas-Hays.

Goss, K. and Gilbert, P. (2002) "Eating disorders, shame and pride: A cognitive-behavioural functional analysis", in P. Gilbert and J. Miles (eds), *Body Shame: Conceptualisation, Research & Treatment* (pp. 219–255). London: Brunner-Routledge.

Gray, J. A. (1987) *The Psychology of Fear and Stress*, 2nd edn. London: Weidenfeld & Nicolson.

Greenberg, L. S., Rice, L. N. and Elliott, R. (1993) *Facilitating Emotional Change: The Moment-by-Moment Process*. New York: Guilford Press.

Hackmann, A. (2005) "Compassionate imagery in the treatment of early memories in axis I anxiety disorders", in P. Gilbert (ed.), *Compassion: Conceptualisations, Research and Use in Psychotherapy* (pp. 352–368). London: Brunner-Routledge.

Haidt, J. (2001) "The emotional dog and its rational tail: A social intuitionist approach to moral judgment", *Psychological Review*, 108: 814–834.

Hall, E., Hall, C., Stradling, P. and Young, D. (2006) *Guided Imagery: Creative Interventions in Counselling and Psychotherapy*. London: Sage.

Hassin, R. R., Uleman, J. S. and Bargh, J. A. (2005) *The New Unconscious*. New York: Oxford University Press.

Hayes, S. C., Follette, V. M. and Linehan, M. N. (2004) *Mindfulness and Acceptance: Expanding the Cognitive Behavioral Tradition*. New York: Guilford Press.

Heinrichs, M., Baumgartner, T., Kirschbaum, C. and Ehlert, U. (2003) "Social support and oxytocin interact to suppress cortisol and subjective response to psychosocial stress", *Biological Psychiatry*, 54: 1389–1398.

Hofer, M. A. (1994) "Early relationships as regulators of infant physiology and behavior", *Acta Paediatrica Supplement*, 397: 9–18.
Holt, J. (1990) *How Children Fail*, 2nd rev. edn. London: Penguin Books.
Hrdy, S. B. (2009) *Mothers and Others: The Evolutionary Origins of Mutual Understanding.* Amherst, MA: Harvard University Press.
Hutcherson, C. A., Seppala, E. M. and Gross, J. J. (2008) "Loving-kindness meditation increases social connectedness", *Emotion*, 8: 720–724.
Ivey, A. E. and Ivey, M. B. (2003) *Intentional Interviewing and Counselling: Facilitating Client Change in a Multicultural Society*, 5th edn. Pacific Grove, CA: Brooks/Cole.
Ji-Woong, K., Sung-Eun, K., Jae-Jin, K., Bumseok, J., Chang-Hyun, P., Ae Ree, S., et al. (2009) "Compassionate attitude towards others' suffering activates the mesolimbic neural system", *Neuropsychologia*, 47(10): 2073–2081.
Kabat-Zinn, J. (2005) *Coming to Our Senses: Healing Ourselves and the World Through Mindfulness*: New York: Piatkus.
Katzow, K. and Safran, J. D. (2007) "Recognizing and resolving ruptures in the therapeutic alliance", in P. Gilbert and R. Leahy (eds), *The Therapeutic Relationship in the Cognitive Behavioural Psychotherapies.* London: Routledge.
Kegan, R. (1982) *The Evolving Self: Problem and Process in Human Development.* Cambridge, MA: Harvard University Press.
Klinger, E. (1977) *Meaning and Void.* Minneapolis, MN: University of Minnesota Press.
Knox, J. (2003) *Archetype, Attachment and Analysis.* London: Routledge.
Koren-Karie, N., Oppenheim, D., Dolev, S., Sher, S. and Etzion-Carasso, A. (2002) "Mothers' insightfulness regarding their infants' internal experience: Relations with maternal sensitivity and infant attachment", *Developmental Psychology*, 38: 534–542.
Laithwaite, H., Gumley, A., O'Hanlon, M., Collins, P., Doyle, P., Abraham, L., et al. (2009). Recovery After Psychosis (RAP): A compassion focused programme for individuals residing in high security settings", *Behavioural and Cognitive Psychotherapy*, 37: 511–526.
Lane, R. D. and Schwartz, G. E. (1987) "Levels of emotional awareness: A cognitive-developmental theory and its application to psychopathology", *American Journal of Psychiatry*, 144: 133-143.
Lanzetta, J. T. and Englis, B. G. (1989) "Expectations of co-operation and competition and their effects on observers' vicarious emotional responses", *Journal of Personality and Social Psychology*, 56: 543–554.
Laursen, B., Pulkkinen, L. and Adams, R. (2002) "The antecedents of agreeableness in adulthood", *Developmental Psychology*, 38: 591–603.

Leahy, R. L. (2001) *Overcoming Resistance in Cognitive Therapy*. New York: Guilford Press.
Leahy, R. L. (2002) "A model of emotional schemas", *Cognitive and Behavioral Practice*, 9: 177–171.
Leahy, R. L. (2005) "A social-cognitive model of validation", in P. Gilbert (ed.), *Compassion: Conceptualisations, Research and Use in Psychotherapy* (pp. 195–217). London: Brunner-Routledge.
Leahy, R. L. (2007) "Schematic mismatch in the therapeutic relationship: A social cognitive model", in P. Gilbert and R. Leahy (eds), *The Therapeutic Relationship in the Cognitive Behavioural Psychotherapies* (pp. 229–254). London: Routledge.
Leary, M. R. (2003) *The Curse of the Self: Self-Awareness, Egotism and the Quality of Human Life*. New York: Oxford University Press.
Leary, M. R. and Tangney, J. P. (eds) (2003) *Handbook of Self and Identity* (pp. 367–383). New York: Guilford Press.
Leary, M. R., Tate, E. B., Adams, C. E., Allen, A. B. and Hancock, J. (2007) "Self-compassion and reactions to unpleasant self-relevant events: The implications of treating oneself kindly", *Journal of Personality and Social Psychology*, 92: 887–904.
LeDoux, J. (1998) *The Emotional Brain*. London: Weidenfeld & Nicolson.
Lee, D. A. (2005) "The perfect nurturer: A model to develop a compassionate mind within the context of cognitive therapy", in P. Gilbert (ed.), *Compassion: Conceptualisations, Research and Use in Psychotherapy* (pp. 326–351). London: Brunner-Routledge.
Leighton, T. D. (2003) *Faces of Compassion: Classic Bodhisattva Archetypes and their Modern Expression*. Boston: Wisdom Publications.
Linehan, M. (1993) *Cognitive Behavioral Treatment of Borderline Personality Disorder*. New York: Guilford Press.
Liotti, G. (2000) "Disorganised attachment, models of borderline states and evolutionary psychotherapy", in P. Gilbert and B. Bailey (eds), *Genes on the Couch: Explorations in Evolutionary Psychotherapy* (pp. 232–256). Hove, UK: Brunner-Routledge.
Liotti, G. (2002) "The inner schema of borderline states and its correction during psychotherapy: A cognitive evolutionary approach", *Journal of Cognitive Psychotherapy: An International Quarterly*, 16: 349–365.
Liotti, G. (2007) "Internal models of attachment in the therapeutic relationship", in P. Gilbert and R. Leahy (eds), *The Therapeutic Relationship in the Cognitive Behavioural Psychotherapies* (pp. 143–161). London: Routledge.
Liotti, G. and Gilbert, P. (in press) "Mentalizing motivation and social mentalities: Theoretical considerations and implications for psychotherapy", in A. Gumley (ed.) *Psychology and Psychotherapy* (special edition).
Liotti, G. and Prunetti, E. (2010) "Metacognitive deficits in trauma-

related disorders: Contingent on interpersonal motivational contexts?", in G. Dimaggio and P. H. Lysaker (eds), *Metacognitive and Severe Adult Mental Disorders: From Research to Treatment* (pp. 196–214). London: Routledge.

Longe, O., Maratos, F. A., Gilbert, P., Evans, G., Volker, F., Rockliffe, H., et al. (2010). "Having a word with yourself: Neural correlates of self-criticism and self-reassurance", *NeuroImage*, 49: 1849–1856.

Lutz, A., Brefczynski-Lewis, J., Johnstone, T. and Davidson, R. J. (2008) "Regulation of the neural circuitry of emotion by compassion meditation: Effects of the meditative expertise", *Public Library of Science*, 3: 1–5.

MacDonald, J. and Morley, I. (2001) "Shame and non-disclosure: A study of the emotional isolation of people referred for psychotherapy", *British Journal of Medical Psychology*, 74: 1–21.

MacDonald, K. (1992) "Warmth as a developmental construct: An evolutionary analysis", *Child Development*, 63: 753–773.

MacLean, P. (1985) "Brain evolution relating to family, play and the separation call", *Archives of General Psychiatry*, 42: 405–417.

Marks, I. M. (1987) *Fears, Phobias and Rituals: Panic, Anxiety and their Disorders*. Oxford, UK: Oxford University Press.

Martell, C. R., Addis, M. E. and Jacobson, N. S. (2001) *Depression in Context: Strategies for Guided Action*. New York: Norton.

Matos, M. and Pinto-Gouveia, J. (in press) "Shame as trauma memory", *Clinical Psychology and Psychotherapy*.

Mayhew, S. and Gilbert, P. (2008) "Compassionate mind training with people who hear malevolent voices: A case series report", *Clinical Psychology and Psychotherapy*, 15: 113–138.

McClelland, D. C., Atkinson, J. W., Clark, R. H. and Lowell, E. L. (1953) *The Achievement Motive*. New York: Apple-Century-Crofts.

McCrae, R. R. and Costa, P. T. (1989) "The structure of interpersonal traits: Wiggins circumplex and the five factor model", *Journal of Personality and Social Psychology*, 56: 586–596.

McGregor, I. and Marigold, D. C. (2003) "Defensive zeal and the uncertain self: What makes you so sure?", *Journal of Personality and Social Psychology*, 85: 838–852.

Meins, E., Harris-Waller, J. and Lloyd, A. (2008) "Understanding alexithymia: Association with peer attachment style and mind-mindedness", *Personality and Individual Differences*, 45: 146–152.

Mikulincer, M. and Shaver, P. R. (2007) *Attachment in Adulthood: Structure, Dynamics, and Change*. New York: Guilford Press.

Miranda, R. and Andersen, S. M. (2007) "The therapeutic relationship: Implications from social cognition and transference", in P. Gilbert and R. Leahy (eds), *The Therapeutic Relationship in the Cognitive Behavioural Psychotherapies* (pp. 63–89). London: Routledge.

Neely, M. E., Schallert, D. L., Mohammed, S., Roberts, R. M. and

Chen, Y. (2009) "Self-kindness when facing stress: The role of self-compassion, goal regulation, and support in college students' well-being", *Motivation and Emotion*, 33: 88–97.

Neff, K. D. (2003a) "Self-compassion: An alternative conceptualization of a healthy attitude toward oneself", *Self and Identity*, 2: 85–102.

Neff, K. D. (2003b) "The development and validation of a scale to measure self-compassion", *Self and Identity*, 2: 223–250.

Neff, K. D., Hsieh, Y. and Dejitterat, K. (2005) "Self-compassion, achievement goals and coping with academic failure", *Self and Identity*, 4: 263–287.

Neff, K. D. and Vonk, R. (2009) "Self-compassion versus global self-esteem: Two different ways of relating to oneself", *Journal of Personality*, 77: 23–50.

Nesse, R. M. and Ellsworth, P. C. (2009) "Evolution, emotions and emotional disorders", *American Psychologist*, 64: 129–139.

Newberg, A. and Waldman, M. R. (2007) *Born to Believe*. New York: Free Press.

Ogden, P., Minton, K. and Pain, C. (2006) *Trauma and the Body: A Sensorimotor Approach to Psychotherapy*. New York: Norton.

Öhman, A., Lundqvist, D. and Esteves, F. (2001) "The face in the crowd revisited: A threat advantage with Schematic Stimuli", *Journal of Personality and Social Psychology*, 80: 381–396.

Ornstein, R. (1986) *Multimind: A New Way of Looking at Human Beings*. London: Macmillan.

Pace, T. W. W., Negi, L. T. and Adame, D. D. (2008) "Effects of compassion mediation on neuroendocrine, innate immune and behavioral response to psychosocial stress", *Psychoneuroendocrinology*, doi: 10. 1016/j. psyneuen. 2008. 08. 011.

Pani, L. (2000) "Is there an evolutionary mismatch between the normal physiology of the human dopaminergic system and current environmental conditions in industrialized countries?", *Molecular Psychiatry*, 5: 467–475.

Panksepp, J. (1998) *Affective Neuroscience*. New York: Oxford University Press.

Pauley, G. and McPherson, S. (in press) "The experience and meaning of compassion and self-compassion for individuals with depression or anxiety", *Psychology and Psychotherapy*.

Pennebaker, J. W. (1997) *Opening Up: The Healing Power of Expressing Emotions*. New York: Guilford Press.

Peterson, C. and Seligman, M. E. (2004) *Character Strengths and Virtues*. New York: Oxford University Press.

Porges, S. (2003) "The polyvagal theory: Phylogenetic contributions to social behaviour", *Physiology & Behavior*, 79: 503–513.

Porges, S. W. (2007) "The polyvagal perspective", *Biological Psychology*, 74: 116–143.

Power, M. and Dalgleish, T. (1997) *Cognition and Emotion: From*

Order to Disorder. Hove, UK: Psychology Press.

Quirin, M., Kazen, M. and Kuhl, J. (2009) "When nonsense sounds happy or helpless: The Implicit Positive and Negative Affect Test (IPANAT)", *Journal of Personality and Social Psychology*, 97: 500–516.

Reed 11, A. and Aquino, K. F. (2003) "Moral identity and the expanding circle of moral regard toward out groups", *Journal of Personality and Social Psychology*, 64: 1270–1286.

Rein, G., Atkinson, M. and McCraty, R. (1995) "The physiological and psychological effects of compassion and anger", *Journal for the Advancement of Medicine*, 8: 87–105.

Ricard, M. (2003) *Happiness: A Guide to Developing Life's Most Important Skill*. London: Atlantic Books.

Rockliff, H., Gilbert, P., McEwan, K., Lightman, S. and Glover, D. (2008) "A pilot exploration of heart rate variability and salivary cortisol responses to compassion-focused imagery", *Journal of Clinical Neuropsychiatry*, 5: 132–139.

Rogers, C. (1957) "The necessary and sufficient conditions of therapeutic change", *Journal of Consulting Psychology*, 21: 95–103.

Rohner, R. P. (1986) *The Warmth Dimension: Foundations of Parental Acceptance–Rejection Theory*. Beverly Hills, CA: Sage.

Rohner, R. P. (2004) "The parent 'acceptance–rejection syndrome': Universal correlates of perceived rejection", *American Psychologist*, 59: 830–840.

Rosen, H. (1993) "Developing themes in the field of cognitive therapy", in K. T. Kuehlwein and H. Rosen (eds), *Cognitive Therapies in Action: Evolving Innovative Practice* (pp. 403–434). San Francisco, CA: Jossey Bass.

Rosen, J. B. and Schulkin, J. (1998) "From normal fear to pathological anxiety", *Psychological Bulletin*, 105: 325–350.

Rowan, J. (1990) *Subpersonalities: The People Inside Us*. London: Routledge.

Rubin, T. I. (1998) *Compassion and Self-Hate: An Alternative to Despair*. New York: Touchstone (Originally published in 1975).

Safran, J. D. and Segal, Z. V. (1990) *Interpersonal Process in Cognitive Therapy*. New York: Basic Books.

Salkovskis, P. M. (1996) "The cognitive approach to anxiety: Threat beliefs, safety-seeking behavior, and the special case of health anxiety and obsessions", in P. M. Salkovskis (ed.), *Frontiers of Cognitive Therapy* (pp. 48–74). New York: Guilford Press.

Salzberg, S. (1995) *Loving-Kindness: The Revolutionary Art of Happiness*. Boston: Shambhala.

Sapolsky, R. M. (1994) *Why Zebras Don't Get Ulcers: An Updated Guide to Stress, Stress-Related Disease, and Coping*. New York: Freeman.

Schore, A. N. (1994) *Affect Regulation and the Origin of the Self: The Neurobiology of Emotional Development*. Hillsdale, NJ: Lawrence

Erlbaum Associates, Inc.

Schore, A. N. (2001) "The effects of early relational trauma on right brain development, affect regulation, and infant mental health", *Infant Mental Health Journal*, 22: 201–269.

Segal, Z. V., Williams, J. M. G. and Teasdale, J. (2002) *Mindfulness-Based Cognitive Therapy for Depression: A New Approach to Preventing Relapse*. New York: Guilford Press.

Siegel, D. J. (2001) "Toward an interpersonal neurobiology of the developing mind: Attachment relationships, 'mindsight' and neural integration", *Infant Mental Health Journal*, 22: 67–94.

Siegel, D. J. (2007) *The Mindful Brain: Reflection and Attunement in the Cultivation of Well-Being*. New York: Norton.

Siegel, D. J. (2010) *The Mindful Therapist*. New York: Norton.

Singer, J. L. (2006) *Imagery in Psychotherapy*. Washington, DC: American Psychological Association.

Sloman, L. (2000) "The syndrome of rejection sensitivity: An evolutionary perspective", in P. Gilbert and K. Bailey (eds), *Genes on the Couch: Explorations in Evolutionary Psychotherapy* (pp. 257–275). Hove, UK: Psychology Press.

Stern, D. N. (2004) *The Present Moment in Psychotherapy and Everyday Life*. New York: Norton.

Stevens, A. (1999) *Ariadne's Clue: A Guide to the Symbols of Humankind*. Princeton, NJ: The Princeton University Press.

Stopa, L. (2009) *Imagery and the Threatened Self: Perspectives on Mental Imagery and the Self in Cognitive Therapy*. London: Routledge.

Stott, R. (2007) "When the head and heart do not agree: A theoretical and clinical analysis of rational–emotional dissociation (RED) in cognitive therapy", *Journal of Cognitive Psychotherapy: An International Quarterly*, 21: 37–50.

Suomi, S. J. (1999) "Attachment in rhesus monkeys", in J. Cassidy and P. R. Shaver (eds), *Handbook of Attachment: Theory, Research and Clinical Applications* (pp. 181–197). New York: Guilford Press.

Swan, S. and Andrews, B. (2003) "The relationship between shame, eating disorders and disclosure in treatment", *British Journal of Clinical Psychology*, 42: 367–378.

Swann, W. B., Rentfrow, P. J. and Guinn, J. (2003) "Self verification: The search for coherence", in M. R. Leary and J. P. Tangney (eds), *Handbook of Self and Identity* (pp. 367–383). New York: Guilford Press.

Synder, C. R. and Ingram, R. E. (2006) "Special issue on positive psychology", *Journal of Cognitive Psychotherapy: An International Quarterly*, 20: 115–240.

Tangney, J. P. and Dearing, R. L. (2002) *Shame and Guilt*. New York: Guilford Press.

Tarrier, N. (ed.) (2006) *Case Formulation in Cognitive Behaviour Therapy: The Treatment of Challenging and Complex Cases*. London:

Routledge.

Teasdale, J. D. and Barnard, P. J. (1993) *Affect, Cognition and Change: Remodelling Depressive Affect*. Hove, UK: Psychology Press.

Teicher, M. H. (2002) "Scars that won't heal: The neurobiology of the abused child", *Scientific American*, 286(3): 54–61.

Teicher, M. H., Samson, J. A., Polcari, A. and McGreenery, C. E. (2006) "Sticks and stones and hurtful words: Relative effects of various forms of childhood maltreatment", *American Journal of Psychiatry*, 163: 993–1000.

Thwaites, R. and Freeston, M. H. (2005) "Safety-seeking behaviours: Fact or fiction? How can we clinically differentiate between safety behaviours and additive coping strategies across anxiety disorders?", *Behavioural and Cognitive Psychotherapy*, 33: 177–188.

Tomkins, S. S. (1987) "Script theory", in J. Aronoff, A. I. Rubin and R. A. Zucker (eds), *The Emergence of Personality* (pp. 147–216). New York: Springer.

Tracy, J. L., Robins, R. W. and Tangney, J. P. (eds) (2007) *The Self-Conscious Emotions: Theory and Research*. New York: Guilford Press.

Trevarthen, C. and Aitken, K. (2001) "Infant intersubjectivity: Research, theory, and clinical applications", *Journal of Child Psychology and Psychiatry*, 42: 3–48.

Twenge, J. M., Gentile, B., DeWall, C. N., Ma, D. S., Lacefield, K. and Schurtz, D. R. (2010) "Birth cohort increases in psychopathology among young Americans, 1938–2007: A cross-temporal meta-analysis of the MMPI", *Clinical Psychology Review*, 30: 145–154.

Vessantara. (1993) *Meeting the Buddhas: A Guide to Buddhas, Bodhisattvas and Tantric Deities*. New York: Winhorse Publications.

Wallin, D. (2007) *Attachment in Psychotherapy*. New York: Guilford Press.

Wang, S. (2005) "A conceptual framework for integrating research related to the physiology of compassion and the wisdom of Buddhist teachings", in P. Gilbert (ed.), *Compassion: Conceptualisations, Research and Use in Psychotherapy* (pp. 75–120). London: Brunner-Routledge.

Warneken, F. and Tomasello, M. (2009) "The roots of altruism", *British Journal of Psychology*, 100: 455–471.

Wells, A. (2000) *Emotional Disorders and Metacognition: Innovative Cognitive Therapy*. Chichester, UK: Wiley.

Wheatley, J., Brewin, C. R., Patel, T., Hackmann, A., Wells, A., Fischer, P., et al. (2007) "I'll believe it when I see it: Imagery rescripting of intrusive sensory memories", *Journal of Behavior Therapy and Experimental Psychiatry*, 39: 371–385.

Whelton, W. J. and Greenberg, L. S. (2005) "Emotion in self-criticism", *Personality and Individual Differences*, 38: 1583–1595.

Wilkinson, R. and Pickett, K. (2009) *The Spirit Level: Why More Equal Societies Almost Always Do Better*. London: Penguin.

Williams, M., Teasdale, J., Segal, Z. and Kabat-Zinn, J. (2007) *The Mindful Way Through Depression: Freeing Yourself From Chronic Unhappiness*. New York: Guilford Press.

Wills, F. (2009) *Beck's Cognitive Therapy: Distinctive Features*. London: Routledge.

Wilson, K. G. (2009) *Mindfulness for Two: An Acceptance and Commitment Therapy Approach to Mindfulness and Psychotherapy*. Oakland, CA: New Harbinger.

Wolfe, R. N., Lennox, R. D. and Cutler, B. L. (1986) "Getting along and getting ahead: Empirical support for a theory of protective and acquisitive self-presentation", *Journal of Social and Personality Psychology*, 50: 356–361.

Wroe, A. L. and Salkovskis, P. M. (2000) "Causing harm and allowing harm: A study of beliefs in obsessional problems", *Behaviour Therapy and Research*, 38: 114–1162.

Zuroff, D. C., Santor, D. and Mongrain, M. (2005) "Dependency, self-criticism, and maladjustment", in J. S. Auerbach, K. N. Levy and C. E. Schaffer (eds), *Relatedness, Self-Definition and Mental Representation: Essays in Honour of Sidney J. Blatt* (pp. 75–90). London: Routledge.

監訳者あとがき

　本書は，Compassion Focused Therapy（CFT），日本語にするとコンパッションに基づく心理療法の基本的な考えを創始者たる Paul Gilbert 博士が解説したものです。私がコンパッションに出会ったのは，大学の教員となってすぐ2002年から2003年ぐらいに恥（shame）の対処法を研究していたころです。恥の研究で使用できる尺度をあれこれ探しているときに，Gilbert 先生に「other as shamer scale」の翻訳をしてもよいかメールを出して，すぐにご快諾のお返事をいただきました。当時，あまり海外の先生とやり取りすることがなく，レスポンスの速さに感激したことを覚えています。残念ながら，尺度の研究は継続ができませんでしたが，Gilbert 先生の論文は追いかけており，2007年のヘルシンキで行われたヨーロッパ認知行動療法学会でGilbert 先生の「恥に対するコンパッション・マインド・トレーニング」のワークショップに参加することができました。それまで認知行動療法で何とか恥と罪悪感の問題に対処しようとしており，そうした話を期待しておりましたが，実際には進化？　思いやり？　コンパッション？　という本書で書かれている理論が展開されました。英語なので完全には理解できていなかったと思いますが，認知の歪みが原因だからそれを修正するというのではなく，コンパッションを自分自身に向けることで，恥や罪悪感がいやされるというのは，私自身にとって目からうろこでした。その後，少しずつ発刊されていくコンパッションに関する論文を読み，国際学会では必ず Gilbert 先生のワークショップに出るようになりました。

　3時間のワークショップだと，本書に書かれているような内容が順番に紹介されるのですが，理論が終わってようやく実践に入って，イメージワークが始まったぐらいで終了，ということが常でした。2009年から2010年ぐらいになると，私自身がコンパッションを向上させるプログラムの研究を開始しようとしており，ワークショップの後で片言の英語で Gilbert 先生に質問をして困らせておりました。Gilbert 先生は本当にオープンな気持ちで親切に

答えてくれるコンパッションあふれる先生で，おおいに励まされました。2010年に本訳書の原書が刊行されると，先生は「この本を読みなさい」と参加者に勧めておられました。私も，会場で2冊購入し日本に帰ってゼミ生と一緒に読みましたが，初学者にとっては専門用語も多く，院生にとってはかなり困難な作業となりました。なぜなら，Gilbert 先生が書かれているように，この本には精神分析，臨床心理学だけでなく，進化心理学，神経心理学，社会心理学，発達心理学といった心理学の知見が統合されているので，調べるにはかなりの知識を要するのです。ゼミ生には大変な課題を出してしまったと申し訳ない気持ちがあるほどです。CFT のバイブルと言われる本書ですが，英語で読むのは大変で，こうして日本語で読めるのは画期的なことだと思います。私自身は，本書で書かれているイメージワークを使った臨床試験をしたことで CFT の難しさを知ることになりました。その後，米国に渡って慈悲の瞑想の研究に向かって行ったため，CFT や本書からはしばらく離れておりました。今回，全体をもう一度じっくりと読む監訳という機会をいただき，10年を経て再度学ぶことが多く，大変ありがたく思っております。

　CFT は Therapy＝治療法であり，さまざまな精神疾患の患者さんが苦しむ恥の問題に対応することから出発していますので，一般の方のコンパッションを高めることにはあまり焦点がありません。私たちが，ネガティブ感情でなぜ苦しむのかについて，精神力動，神経心理的，認知的メカニズムで説明され，その代わりのメカニズムとしてなぜコンパッションが必要なのか解説されます。各章は簡潔に書かれていますが，Gilbert 先生の入念な理論建ての結晶であり，さまざまな理論を知っていないと専門用語を調べながら読むことになると思います。読み方のコツとしては，Part 1 の前に精神分析と認知行動療法の基本的な用語は押さえておく，不安と恐怖の心理学，愛着に関する臨床心理学，神経心理学の知識も必要で，できれば恥と罪悪感の理論も調べておくとよいと思います。

　Part 2 ではさまざまなエクササイズが紹介されますが，マインドフルネス瞑想や慈悲の瞑想の実践経験があったほうが分かりやすいです。そうした瞑

想実践では行わないイメージワークについては，実際に Gilbert 先生のワークショップに参加したり，web 動画などで見ることを並行したほうがよいと思います。匂いや声のトーン，エンプティ・チェアなどは体験が必要です。また，Gilbert 先生は仏教の観点も重視されており，「コンパッションのある自分自身」を理解する必要があると思います。

　「コンパッションのある自分自身」をイメージすることは，CFT において最も重要なことの一つです。そのため，理想的なコンパッションのある養育者をイメージし，その特徴を持つコンパッションのある自分自身をイメージするといったステップがいくつも設けられています。いやしの呼吸から始め，コンパッションの色，におい，皮膚感覚，声のトーンなど，あらゆる感覚を想起し，コンパッションを全身で体験する。そうしたコンパッションで満たされた自分自身になり，その自分自身から困っている自分自身，自分を批判している自分自身の声を聞き，幸せを願いやさしい言葉をかけ，安心や安全，愛情，つながり感を経験するのです。本書を通じて，先生はコンパッションの感情の質感が重要であることを強調されています。私が参加したワークショップでも，患者さんが本当にコンパッションを身体で経験しているのか確かめながらセラピーを進める必要性を切々と述べていらっしゃいました。

　コンパッションのイメージが不十分なままやさしい言葉をかけようとしても，日常生活を送っている自分自身には，すぐに自分を批判する言葉が浮かんできて自分の幸せは願えないのです。Gilbert 先生は，統合失調症やうつ病の患者さんたちが，自己批判が強く通常の心理療法に取り組むのが困難だと感じ，彼らにこそコンパッションが必要だと考えられたのです。そして，誰しも自分の中に持っているコンパッションのある自分自身を，自分にも他者にも発露できるように開発してくのが CFT です。自分の良いところも悪いところも受け入れ，また改善していける希望も持っている自分自身への気づきこそ，大乗仏教でいうところの「悟り」でないでしょうか。八正道など仏教用語もふんだんに引用されており，CFT におけるコンパッションを理解するには，チベット密教の瞑想なども体験されるとよいかもしれません。

CFTは，Part2にあるようなさまざまなコンパッション・マインド・トレーニングから構成されていますが，セラピーの際は認知行動療法や精神分析の考え方やスキルを統合して実施していきます。また，CFTを行うにはセラピスト自身がコンパッションのある自分自身を体現し，クライエントとコンパッションのある関係を構築する必要もあります。本書でも，コンパッションの経験を想起させることが，過去の苦しい経験を想起させることとなり，一部のクライエントには非常に困難であることが強調されています。そのような場合にどのようにセラピーを展開すればよいのかについては，CFTの専門家としての教育を受けるべきだと思います。Gilbert先生が中心となって，「The compassion mind foundation」という団体が設立されており，さまざまなワークショップのほか，学術大会も開かれていますので，本書を片手に参加されてはどうでしょうか。日本では，石村郁夫先生が中心となって，講師陣を日本に招聘されています。当然ですが，数時間のワークショップに参加するだけでは，CFTを実施することは不可能です。Gilbert先生のダービー大学では，専門のコースがあります。浅野憲一先生はいち早くそのコースを終えられ，日本で臨床試験を開始されて成果を挙げられています。日本にもこうした優れた先駆者たちがいらっしゃいますので，ご関心がある方は研究活動，ワークショップや書籍などをフォローしてください（私もフォロー中です！）。

　本書は，ダービー大学でGilbert先生に学ばれた小寺康博先生（現ノッティンガム大学）が翻訳されました。Gilbert先生の知的でイギリス英語独特と思われる言い回しについては，小寺先生も翻訳に苦労をされたようです。私としては，原書の意味は維持しながら文章をできるだけわかりやすくすることを心掛けました。また，compassionは慈悲や思いやりと翻訳すると，無償の愛情という意味から離れて解釈されてしまうと考え，そのままコンパッションとカタカナで表記するようにしています。この関連用語として本書で頻繁に登場するcaringは「思いやり」としました。Gilbert先生は巧みに使い分けられており，おそらくcompassionは感情であり全身で体験するもので，caringは自他に向ける思いや行動といった違いで表現されているのだと思います。厳密なところは，原書を参照していただけるとありがたい

です。本書を読んだ後なら Gilbert 先生の英語での言い回しがより楽しめると思います。

　本書がこうして世に出るのは，Gilbert 先生とつながりのある小寺先生が分かりやすい日本語にしていただいたおかげです。また，誠信書房の楠本龍一さんからいただいた多くの適切かつ的確なご助言がなければ，本書は完成しませんでした。心よりお礼申し上げます。最後に，本書を一緒に読んだ私の研究室のメンバー全員と，恥に関する章で多くのお力添えをいただいた薊理津子先生にも，心から感謝しています。本書を通じて，多くの方がコンパションとは何かを学ばれ，多くの方が救われることを願ってやみません。

蒼天の上ヶ原で風を感じ，コンパッションの光と力にいやされながら　2023年5月

監訳者　有光興記

監訳者紹介

有光興記（ありみつ　こうき）
関西学院大学大学院文学研究科心理学専攻博士課程単位取得退学
現　　　在　関西学院大学文学部総合心理科学科 教授，博士（心理学），日本感情心理
　　　　　　学会 理事長
著訳書・論文　『感情制御ハンドブック──基礎から応用そして実践へ』（監修）北大路書
　　　　　　房 2022年，『不安症および関連症群面接マニュアル（ADIS-5）──DSM-5
　　　　　　に準拠した構造化面接』（共監訳）金剛出版 2021年『自分を思いやる練習
　　　　　　──ストレスに強くなり，やさしさに包まれる習慣』朝日新聞出版 2020
　　　　　　年，『やさしくなりたいあなたへ贈る慈悲とマインドフルネス瞑想』法研
　　　　　　2020年，「マインドフル・セルフ・コンパッション」（精神療法，**48**（5），
　　　　　　623-627, 2022年），「コンパッションとウェルビーイング──調査，実験，
　　　　　　介入研究とマインドフルネスとの関係性について」（心理学評論 **64**（3），
　　　　　　403-427, 2021年），The effects of a program to enhance self-compassion
　　　　　　in Japanese individuals: A randomized controlled pilot study. (*Journal of
　　　　　　Positive Psychology*, **11**（6），559-571, 2016年）他多数

訳者紹介

小寺康博（こてら　やすひろ）
University of Derby（ダービー大学）博士課程修了，博士（メンタルヘルス）
現　　　在　University of Nottingham, Faculty of Medicine and Health Sciences（ノッ
　　　　　　ティンガム大学医学・健康科学部）准教授（メンタルヘルス）
著訳書・論文　*Ikigai: Towards a psychological understanding of a life worth living.*（共
　　　　　　編）Concurrent Disorders Society Press, 2021年，*World Index of Moral
　　　　　　Freedom: WIMF 2020.*（共著）Foundation for the Advancement of Liberty,
　　　　　　2020年，Effects of self-compassion training on work-related wellbeing: A
　　　　　　systematic review. （共著，*Frontiers in Psychology*, **12**: 630798, 2021年），
　　　　　　Mental health of medical workers in Japan during COVID-19:
　　　　　　Relationships with loneliness, hope and self-compassion. （共著，*Current
　　　　　　Psychology*, **40**, 6271-6274, 2021年），Cross-cultural comparison of mental
　　　　　　health between Japanese and Dutch workers: Relationships with mental
　　　　　　health shame, self-compassion, work engagement and motivation. （共著，
　　　　　　Cross Cultural & Strategic Management, **27**（3），511-530, 2020年）他多数

企画協力者　石村郁夫　東京成徳大学応用心理学部 准教授，博士（心理学）

ポール・ギルバート著

コンパッション・フォーカスト・セラピー入門
——30のポイントで知る理論と実践

2023年6月30日　第1刷発行

監 訳 者　有　光　興　記
発 行 者　柴　田　敏　樹
印 刷 者　藤　森　英　夫

発 行 所　株式会社　誠 信 書 房
〒112-0012　東京都文京区大塚3-20-6
電話　03 (3946) 5666
https://www.seishinshobo.co.jp/

印刷／製本：亜細亜印刷㈱
検印省略
©Seishin Shobo, 2023

落丁・乱丁本はお取り替えいたします
無断で本書の一部または全部の複写・複製を禁じます
Printed in Japan
ISBN 978-4-414-41491-2　C3011

実践 セルフ・コンパッション
自分を追いつめず自信を築き上げる方法

メアリー・ウェルフォード 著
石村郁夫・野村俊明 訳

自己否定感や恥の感情からの解放をめざすコンパッション・フォーカスト・セラピーを、エクササイズを進めることを通して学んでいく。

主要目次
1 自信は生まれながらに備わっているものではなく、築き上げて維持するものである
2 進化が人間に与えた影響を理解する
3 自らを傷つける方法と理由そして慈悲の効果
4 自分の経験を理解する
5 慈悲とは何か
6 セルフ・コンパッションの発達に対する障害
7 マインドフルネスを用いた慈悲のための準備
8 慈悲のためのさらなる準備
9 慈悲の心を発達させる
10 自分を傷つける考え方に対して慈悲の考え方を使う
11 慈悲の手紙を書く/他

A5判並製　定価(本体3600円+税)

子どものトラウマとPTSDの治療
エビデンスとさまざまな現場における実践

亀岡智美・飛鳥井 望 編著

子どものPTSDへの第一選択治療として最も普及しているトラウマフォーカスト認知行動療法。日本におけるその実証と実践の書。

主要目次
第Ⅰ部 わが国におけるトラウマ治療とトラウマフォーカスト認知行動療法の国際的発展
第1章 わが国におけるトラウマ治療の展開
第2章 国際的なトラウマフォーカスト認知行動療法研究
第Ⅱ部 トラウマフォーカスト認知行動療法のわが国での展開
第3章 トラウマフォーカスト認知行動療法のわが国への導入と効果検証/他
第Ⅲ部 さまざまな現場におけるトラウマフォーカスト認知行動療法の実践
第6章 犯罪被害とトラウマフォーカスト認知行動療法/他

A5判並製　定価(本体2500円+税)